BRENNA

O EVANGELHO MALTRAPILHO

Traduzido por PAULO PURIM

mundo**cristão**
São Paulo

Dados Internacionais de Catalogação na Publicação (CIP)
(Câmara Brasileira do Livro, SP, Brasil)

Manning, Brennan

O evangelho maltrapilho / Brennan Manning; traduzido por Paulo Purim. — São Paulo: Mundo Cristão, 2005.

Título original: The ragamuffin gospel.
Bibliografia.

1. Deus – Amor   2. Vida cristã   I. Título.

05-6891

CDD–261.8325

Índice para catálogo sistemático:
1. Espiritualidade: Pessoas dilapidadas, derrotadas e exauridas: Cristianismo   261.8325
Categoria: Espiritualidade

Edição revisada segundo o Novo Acordo Ortográfico

Publicado no Brasil com todos os direitos reservados por:
Editora Mundo Cristão
Rua Antônio Carlos Tacconi, 79, São Paulo, SP, Brasil, CEP 04810-020
Telefone: (11) 2127-4147
www.mundocristao.com.br

1ª edição: outubro de 2005
24ª reimpressão: 2014

Para
Roslyn,
Obrigado

SUMÁRIO

Em julho de 2005, a Editora Mundo Cristão promoveu um café da manhã para escritores. Estavam à mesa Philip Yancey, Renato Fleischner e alguns escritores brasileiros. Então perguntei ao Philip quem era o autor contemporâneo de maior profundidade que ele conhecia. Ele respondeu de pronto: Brennan Manning. Renato, que estava ao lado, nos disse que a Editora Mundo Cristão iria publicar um de seus livros: O evangelho maltrapilho e, virando-se para mim, perguntou se eu gostaria de fazer a apresentação. Dias depois, chegaram-me às mãos os originais traduzidos do livro.

Quando comecei a ler O evangelho maltrapilho, não consegui parar. A cada página, verdades profundas do evangelho, que intuitivamente eu já conhecia, eram clarificadas, e não só faziam sentido como tocavam-me o coração.

Este é um daqueles raros livros que ajudam a corrigir os rumos de nossa peregrinação interior, desconstruindo a imagem internalizada de um Deus severo, para encontrarmos o Deus da graça e do amor. Face ao amor incondicional de Deus, podemos também desconstruir a imagem enganosa que temos de nós mesmos, baseada na justiça própria, para encontrar nosso verdadeiro eu: pecador, fraco, carente.

Amparados nesta verdade, somos encorajados a viver e aprofundar cada vez mais a realidade última que nos revelam as Escrituras: somos pecadores amados por Deus, que nos fez seus filhos. Brennan nos ajuda a penetrar no mistério do amor de Deus: incondicional, irretribuível, imerecido. Assim, somos levados a experimentar e desfrutar do terno, doce e bendito acolhimento do Amante.

Num momento em que se enfatiza uma conversão posicional, superficial e utilitária, *O evangelho maltrapilho* nos ajuda a fazer uma entrega a Deus sem condições, para sermos tomados pelo poder de sua eterna afeição.

Li este livro saboreando suas palavras; parei em alguns parágrafos, que ficaram sublinhados no texto. Parei porque alguns deles visitaram e fortaleceram-me o coração. Quando isto aconteceu, meu movimento natural foi o de ir às Sagradas Escrituras e ler com calma os textos mencionados para, então, reencontrar esta Palavra Viva que se move em nós, opera em nós, realiza em nós e gera em nós. Opera o quê? Realiza o quê? Gera o quê? Sim, uma indizível alegria de viver e desfrutar a maravilhosa segurança da presença de Deus, experimentando no fundo da alma sua salvação e seu amor incondicional e o desejo de compartilhar este amor com o próximo.

É isto: o Evangelho é o anúncio de uma grande, absoluta e eterna afeição. O anúncio de que o Deus Altíssimo, criador dos céus e da terra, ama apaixonadamente a humanidade perdida e confusa.

É para ler com o coração e os afetos. Boa leitura!

Osmar Ludovico da Silva

AGRADECIMENTOS

Evelyn Underhill disse: "A leitura espiritual só é (ou, pelo menos, pode ser) superada pela oração no sentido de desenvolver um suporte para a vida interior". E em *A mensagem dos Wesleys* lê-se a contundente frase: "Não é possível que as pessoas cresçam na graça sem que se entreguem à leitura". Com certeza um Deus gracioso supre os analfabetos de outras maneiras, mas, para muitos de nós, as Escrituras e as diversas leituras espirituais guiam-nos a uma compreensão mais profunda da verdade que nos liberta.

Humildemente e com alegria quero expressar minha gratidão a diversos escritores cristãos aos quais recorri para uma percepção mais profunda sobre Jesus Cristo e do evangelho da graça: Edward Schillebeeckx, Walter Burghardt, Hans Küng, Donald McCullough, Leonard Foley, Eugene Kennedy, Albert Nolan, Jaroslav Pelikan, Sean Caulfield, Anthony De Mello, Lloyd Ogilvie e outros citados nestas páginas.

Minha dívida mais profunda é para com Roslyn, por sua crítica honesta e franca ao meu trabalho. Ela nunca hesitou em me dizer quando o texto estava insensível, enganoso ou disparatado.

Finalmente, meu obrigado a John Van Diest e Liz Heaney, da Multnomah, cujo entusiasmo diante das primeiras páginas deste livro inflamou o desejo de finalizá-lo.

O *evangelho maltrapilho* foi escrito com um público leitor específico em mente.

Este livro não é para os superespirituais.

Não é para os cristãos musculosos que têm John Wayne como herói, e não a Jesus.

Não é para acadêmicos que aprisionam Jesus na torre de marfim da exegese.

Não é para gente barulhenta e bonachona que manipula o cristianismo a ponto de torná-lo um simples apelo ao emocionalismo.

Não é para os místicos de capuz que querem mágica na sua religião.

Não é para os cristãos "aleluia", que vivem apenas no alto da montanha e nunca visitaram o vale da desolação.

Não é para os destemidos que nunca derramaram lágrimas.

Não é para os zelotes ardentes que se gabam com o jovem rico dos Evangelhos: "Guardo todos esses mandamentos desde a minha juventude".

Não é para os complacentes, que ostentam sobre os ombros um sacolão de honras, diplomas e boas obras, crendo que efetivamente chegaram lá.

Não é para os legalistas, que preferem entregar o controle da alma a regras a viver em união com Jesus.

O *evangelho maltrapilho* foi escrito para os dilapidados, os derrotados e os exauridos.

Ele é para os sobrecarregados que vivem ainda mudando o peso da mala pesada de uma mão para a outra.

É para os vacilantes e de joelhos fracos, que sabem que não se bastam de forma alguma e são orgulhosos demais para aceitar a esmola da graça admirável.

É para os discípulos inconsistentes e instáveis cuja azeitona vive caindo para fora da empada.

É para homens e mulheres pobres, fracos e pecaminosos com falhas hereditárias e talentos limitados.

É para os vasos de barro que arrastam pés de argila.

É para os recurvados e contundidos que sentem que sua vida é um grave desapontamento para Deus.

É para gente inteligente que sabe que é estúpida, e para discípulos honestos que admitem que são canalhas.

O *evangelho maltrapilho* é um livro que escrevi para mim mesmo e para quem quer que tenha ficado cansado e desencorajado ao longo do Caminho.

Brennan Manning
Nova Orleans

CAPÍTULO UM

ALGUMA COISA ESTÁ MUITO ERRADA

Em uma noite tempestuosa de outubro, numa igreja nos arredores de Mineápolis, centenas de cristãos se reuniram para um seminário de três dias. Comecei com uma apresentação de uma hora sobre o evangelho da graça e a realidade da salvação. Usando a Escritura, histórias, simbolismo e experiência pessoal, enfoquei a completa suficiência da obra redentora de Jesus Cristo no Calvário. O culto terminou com um cântico e uma oração. Deixando a igreja por uma porta lateral, o pastor e seu auxiliar espumavam de raiva.

— *Humph*, aquele cabeça-oca não disse nada sobre o que temos de fazer para ganhar a salvação! — disse o pastor.

— Alguma coisa está muito errada — disse o auxiliar em tom de concordância.

Dobrando-se aos poderes deste mundo, a mente deformou o evangelho da graça em cativeiro religioso e distorceu a imagem de Deus à forma de um guarda-livros eterno e cabeça-dura. A comunidade cristã lembra uma bolsa de obras de Wall Street, na qual a elite é honrada e os comuns ignorados. O amor é reprimido, a liberdade acorrentada e o cinto de segurança da justiça-própria devidamente apertado. A igreja institucional tornou-se alguém que inflige feridas nos que curam, em vez de ser alguém que cura os feridos.

Dito sem rodeios: a igreja evangélica dos nossos dias aceita a graça na teoria, mas nega-a na prática. Dizemos acreditar que a estrutura mais fundamental da realidade é a graça, não as obras — mas nossa vida refuta a nossa fé. De modo geral o evangelho da graça não é proclamado, nem compreendido, nem vivido. Um número grande demais de cristãos vive na casa do temor e não na casa do amor.

Nossa cultura tornou a palavra *graça* impossível de compreender. Repercutimos frases de efeito como:

"Nesta vida nada é de graça".

"Cada um acaba ganhando o que merece".

"Quer dinheiro? Vá trabalhar".

"Quer amor? Faça por merecer".

"Quer misericórdia? Mostre que é digno dela".

"Faça aos outros antes que lhe façam".

"Observe as filas nos órgãos assistenciais, os mendigos preguiçosos nas ruas, a merenda grátis nas escolas, os estudantes ricos com bolsas do governo: só os trapaceiros se dão bem".

"Sem dúvida, dê a cada um o que merece — e nem um centavo a mais".

Minha editora na Revell contou-me que ouviu certa vez um pastor dizendo a uma criança: "Deus ama os bons meninos". À medida que ouço sermões com ênfase definida no esforço pessoal — toma lá, dá cá — fico com a impressão que uma espiritualidade "faça você mesmo" é a nova onda americana.

Embora as Escrituras insistam que é de Deus a iniciativa na obra da salvação — que pela graça somos salvos, que é o Formidável Amante quem toma a iniciativa — frequentemente nossa espiritualidade começa no eu, não em Deus. A responsabilidade pessoal substituiu a resposta pessoal. Falamos sobre adquirir a virtude como se ela fosse uma habilidade que pudesse ser desenvolvida, como uma bela caligrafia ou um bom gingado numa tacada de golfe.

Nas épocas de penitência, nosso foco é superar nossas fraquezas, livrarmo-nos de nossos entraves e alcançarmos a maturidade cristã. Transpiramos debaixo de diversos exercícios espirituais como se eles fossem concebidos para produzir um Mister Universo cristão.

Embora algum elogio nominal seja dirigido ao evangelho da graça, muitos cristãos vivem como se fossem apenas a sua disciplina pessoal e sua autonegação que deverão moldar o perfeito eu. A ênfase é no que eu estou fazendo em vez de no que Deus está fazendo. Nesse processo curioso, Deus é um espectador velhinho e benigno que está ali para torcer quando compareço para minha meditação matinal. Transferimos a lenda de Horatio Alger* sobre o homem que venceu pelos seus próprios esforços, o *self-made man*, para nosso relacionamento com Deus. Quando lemos no salmo 123: "Como os olhos dos servos estão fitos nas mãos dos seus senhores, e os olhos da serva, na mão de sua senhora", experimentamos uma vaga sensação de culpa existencial. Nossos olhos não estão fitos em Deus. No fundo somos pelagianos** praticantes. Cremos que somos capazes de nos erguermos do chão puxando nossos próprios cadarços — que somos, de fato, capazes de fazê-lo sozinhos.

Mais cedo ou mais tarde somos confrontados com a dolorosa verdade da nossa inadequação e da nossa insuficiência. Nossa segurança é esmagada e nossos cadarços, cortados. Uma vez que

---

*Autor americano que escreveu entre 1860 e 1899 dezenas de romances populares sobre meninos pobres que alcançavam a respeitabilidade por meio de engenhosidade e de trabalho duro. (N. do T.)

**Seguidores de Pelágio (c. 400 d.C.), que colocava o livre-arbítrio humano acima da iniciativa de Deus e ensinava que cada cristão deveria conquistar a salvação pela conduta meritória voluntária. (N. do T).

o fervor passa, a fraqueza e a infidelidade aparecem. Descobrimos nossa incapacidade de acrescentar uma polegada que seja a nossa estatura espiritual. Começa então um longo inverno de descontentamento que, eventualmente, floresce em depressão, pessimismo e um desespero sutil: sutil porque permanece não diagnosticado e não percebido, e, portanto, não confrontado. Ela assume a forma de tédio e trabalho forçado. Somos esmagados pela normalidade da vida, pelas tarefas diárias executadas à exaustão.

Secretamente admitimos que o chamado de Jesus é exigente demais, que a entrega ao Espírito Santo está além do nosso alcance. Passamos a agir como todo mundo. A vida assume uma qualidade vazia e desprovida de contentamento. Começamos a lembrar o personagem principal na peça de Eugene O'Neill *O Grande Deus Brown*: "Por que tenho medo de dançar, eu que amo a música e o ritmo e a graça e a canção e o riso? Por que tenho medo de viver, eu que amo a vida e a beleza da carne e as cores vivas da terra e o céu e o mar? Por que tenho medo de amar, eu que amo o amor?".

Algo está muito errado.

Nosso afã de impressionar a Deus, nossa luta pelos méritos de estrelas douradas, nossa afobação por tentar consertar a nós mesmos ao mesmo tempo em que escondemos nossa mesquinharia e chafurdamos na culpa são repugnantes para Deus e uma negação aberta do evangelho da graça.

Nossa abordagem da vida cristã é tão absurda quanto o jovem que depois de receber a sua licença de encanador foi levado para ver as cataratas do Niágara. Ele estudou-as por um minuto e depois disse: "Acho que tenho como consertar isso".[1]

---

[1] Anthony de MELLO. *Taking flight: a book of story meditations*. Nova York: Doubleday, 1988, p. 105.

A palavra *graça*, em si, tornou-se banal e desgastada pelo mau uso e pelo uso em excesso. Ela não mexe conosco da mesma forma que mexia com nossos ancestrais cristãos. Em alguns países europeus, certos oficiais eclesiásticos de alto escalão são ainda chamados de "Sua Graça". Jornalistas esportivos falam da "graça fluente" de Michael Jordan, e já foi dito do empreendedor Donald Trump que ele "carece de graça". Surge um novo perfume com o rótulo "Graça", e um boletim de estudante é chamado de "desgraça". A palavra perdeu o seu poder criativo latente.

Fyodor Dostoievski capturou o choque e o escândalo do evangelho da graça quando escreveu: "No último julgamento Cristo nos dirá: 'Vinde, vós também! Vinde, bêbados! Vinde, vacilantes! Vinde, filhos do opróbrio!'. E dir-nos-á: "Seres vis, vós que sois à imagem da besta e trazem a sua marca, vinde porém da mesma forma, vós também!' E os sábios e prudentes dirão: 'Senhor, por que os acolhes?' E ele dirá: 'Se os acolho, homens sábios, se os acolho, homens prudentes, é porque nenhum deles foi jamais julgado digno'. E ele estenderá os seus braços, e cairemos a seus pés, e choraremos e soluçaremos, e então compreenderemos tudo, compreenderemos o evangelho da graça! Senhor, venha o teu reino!".[2]

Creio que a Reforma realmente começou no dia em que Martinho Lutero orou sobre o significado das palavras de Paulo em Romanos 1:17: "visto que a justiça de Deus se revela no evangelho, de fé em fé, como está escrito: O justo viverá por fé". Como muitos cristãos dos nossos dias, Lutero se debatia noite adentro com a questão fundamental: de que forma o evangelho de Cristo podia ser realmente chamado de "Boa-Nova" se Deus é um juiz justo que retribui aos bons e pune os perversos? Será que Jesus veio

---

[2] Fyodor DOSTOIEVSKI. *Crime and punishment* [*Crime e castigo*]. Nova York: Randon House, 1950, p. 322. [Publicado em língua portuguesa por várias editoras.]

realmente revelar essa terrível mensagem? De que forma a revelação de Deus em Cristo Jesus podia ser acuradamente chamada de "Nova", já que o Antigo Testamento defendia o mesmo tema, ou de "Boa", com a ameaça de punição suspensa como uma nuvem escura sobre o vale da história?

Porém, como observa Jaroslav Pelikan: "Lutero repentinamente chegou à percepção de que a "justiça de Deus", da qual Paulo falava nessa passagem, não era a justiça pela qual Deus era justo em si mesmo (que seria uma forma passiva de justiça), mas a justiça pela qual, por causa de Jesus Cristo, Deus tornou justos pecadores (isto é, justiça ativa) por meio do perdão dos pecados na justificação. Quando descobriu isso, Lutero afirmou que os próprios portões do Paraíso haviam-se aberto para ele.[3]

Que verdade atordoante!

"Justificação pela graça mediante a fé" é a frase erudita dos teólogos para o que Chesterton chamou certa vez de "amor selvagem de Deus". Ele não é instável nem caprichoso; não conhece épocas de mudança. Deus tem um único posicionamento inflexível com relação a nós: ele nos ama. Ele é o único Deus jamais conhecido pelo homem que ama os pecadores. Falsos deuses — criados pelos homens — desprezam os pecadores, mas o Pai de Jesus ama a todos, não importa o que façam. Isso é naturalmente incrível demais para aceitar. No entanto, a afirmação central da Reforma permanece: não por qualquer mérito nosso, mas pela sua bondade, tivemos

---

[3] Jaroslav PELIKAN. *Jesus through the centuries, his place in history of culture*. Nova Haven: Yale University Press, 1985, p. 158. Esta é uma obra de vasta e cuidadosamente ocultada erudição que investiga a figura de Jesus dos tempos do Novo Testamento até o século XX. Pelikan sugere que o retrato de Jesus em determinada época constitui uma chave essencial para compreender aquele período. Os últimos capítulos do livro mostram que "à medida que o respeito pela igreja organizada declinou, a reverência por Jesus cresceu".

nosso relacionamento restaurado com Deus por meio da vida, da morte e da ressurreição do seu amado Filho. Essa é a boa-nova, o evangelho da graça.

Com sua característica *joie de vivre*, Robert Capon coloca da seguinte forma: "A Reforma foi uma ocasião em que os homens ficaram cegos, embriagados por descobrir, no porão empoeirado do medievalismo tardio, uma adega repleta de graça envelhecida mil e quinhentos anos, com teor alcoólico 100% — garrafa após garrafa de pura Escritura destilada, um gole da qual bastava para convencer qualquer um de que Deus nos salva sem precisar de ajuda. A palavra do evangelho — depois de todos aqueles séculos de tentar elevar-se ao céu preocupando-se com a perfeição de seus cadarços — tornou-se repentinamente um anúncio direto de que os salvos já estavam em casa mesmo antes de começarem (...) A graça deve ser bebida pura: sem água, sem gelo, e seguramente sem água tônica; não se permite que nem bondade, nem maldade, nem as flores que desabrocham na primavera da superespirituali-dade entrem no preparado".[4]

Mateus 9:9-13 captura um adorável vislumbre do evangelho da graça:

> Jesus saiu dali e, no caminho, viu um cobrador de impostos, cha-
> mado Mateus, sentado no lugar onde os impostos eram pagos. Jesus
> lhe disse: —Venha comigo. Mateus se levantou e foi com ele. Mais
> tarde, enquanto Jesus estava jantando na casa de Mateus, muitos
> cobradores de impostos e outras pessoas de má fama chegaram e
> sentaram-se à mesa com Jesus e os seus discípulos. Alguns fariseus
> viram isso e perguntaram aos discípulos: — Por que é que o mestre

[4] Robert Farrar Capon. *Between noon and three*. San Francisco: Harper & Row, 1982, p. 114,5, citado em Donald W. McCullough, *Waking from the American Dream*. Downers Grove: InterVarsity, 1988.

de vocês come com os cobradores de impostos e com outras pessoas de má fama? Jesus ouviu a pergunta e respondeu: — Os que têm saúde não precisam de médico, mas sim os doentes. Vão e procurem entender o que quer dizer este trecho das Escrituras Sagradas: "Eu quero que as pessoas sejam bondosas e não que me ofereçam sacrifícios de animais". Porque eu vim para chamar os pecadores e não os bons (NTLH).

Eis aqui uma revelação fulgurante como a estrela da manhã: Jesus veio para os pecadores, para aqueles tão marginalizados quanto cobradores de impostos e para os enredados em escolhas sórdidas e sonhos desfeitos. Ele vem para executivos de corporações, sem-teto, superastros, fazendeiros, prostitutas, viciados, fiscais do Imposto de Renda, vítimas da aids e até mesmo vendedores de carros usados. Jesus não apenas conversa com essa gente, mas janta com eles — plenamente consciente de que sua comunhão à mesa com pecadores fará erguer as sobrancelhas dos burocratas religiosos que ostentam seus paramentos e a insígnia da sua autoridade para justificar a sua condenação à verdade e sua rejeição ao evangelho da graça.

Essa passagem deveria ser lida, relida e memorizada. Toda geração cristã tenta minimizar o cegante fulgor do seu significado, porque o evangelho fica parecendo bom demais para ser verdade. Pensamos que a salvação pertence aos decentes e piedosos, àqueles que permanecem a uma distância segura dos becos da existência, cacarejando seus julgamentos sobre aqueles que a vida maculou. Em nome da graça, qual tem sido o veredicto da comunidade cristã sobre a vida maculada do falecido Rock Hudson? À revelação (apesar dos 4,5 milhões de dólares que ficaram para seu amante Marc Christian) de que ele chamou um sacerdote no seu leito de morte, confessou seus pecados e clamou a Deus por perdão?

Jesus, que perdoou os pecados do paralítico, reivindicando dessa forma autoridade divina, anuncia que convidou pecadores, e não os de justiça-própria, para sua mesa. O verbo grego usado aqui, *kalein*, tem o sentido de chamar um convidado honrado para jantar.

Jesus afirma, com efeito, que o reino de seu Pai não é uma subdivisão para os justos nem para os que sentem possuir o segredo de Estado da salvação. O reino não é um condomínio fechado elegante com regras esnobes a respeito de quem pode viver ali dentro. Não; ele é para um elenco mais numeroso de pessoas, mais rústico e menos exigente, que compreendem que são pecadores porque já experimentaram o efeito nauseante da luta moral.

São esses os pecadores-convidados chamados por Jesus para se aproximarem com ele ao redor da mesa de banquete. Essa história permanece perturbadora para aqueles que não compreendem que homens e mulheres que são verdadeiramente preenchidos com a luz são aqueles que fitaram profundamente as trevas da sua existência imperfeita. Talvez tenha sido depois de meditar sobre essa passagem que Morton Kelsey escreveu: "A Igreja não é um museu para santos, mas um hospital para pecadores".

A Boa-Nova significa que podemos parar de mentir a nós mesmos. O doce som da graça admirável nos salva da necessidade do autoengano. Ele nos impede de negar que, embora Cristo tenha sido vitorioso, a batalha contra a lascívia, a cobiça e o orgulho ainda ecoa dentro de nós. Na condição de pecador redimido, posso reconhecer com qual frequência sou insensível, irritável, exasperado e rancoroso com os que me são mais próximos. Quando vou à igreja, posso deixar meu chapéu branco em casa e admitir que falhei. Deus não apenas me ama como eu sou, mas também me conhece como sou. Por causa disso não preciso aplicar maquiagem espiritual para fazer-me aceitável diante dele. Posso reconhecer a posse de minha miséria, impotência e carência.

Como escreveu C. S. Lewis em *The four loves* [*Os quatro amores*]: "A graça reserva aceitação completa, pueril e satisfeita da nossa necessidade, uma alegria na dependência total. O homem bom sente pesar pelos pecados que fizeram com que sua necessidade aumentasse, mas não se sente inteiramente pesaroso pela nova necessidade que eles produziram".

Quando o evangelho da graça toma conta de nós, algo passa a estar muito certo. Vivemos na verdade e na realidade. Tornamonos honestos como o sacerdote de 92 anos que era venerado por todos na cidade devido a sua santidade. Ele era também membro do Rotary: a cada reunião do clube ele estava presente, sempre no horário e sempre sentado no seu lugar favorito num canto do salão.

Um dia o sacerdote sumiu. Era como se tivesse desaparecido em pleno ar. As pessoas da cidadezinha procuraram em todo lugar, sem encontrar qualquer sinal dele. No mês seguinte, porém, no encontro do Rotary, ele estava ali sentado no seu cantinho usual.

— Padre! — todos gritaram. — Onde o senhor esteve?

— Acabei de cumprir uma sentença de trinta dias na prisão.

— Na prisão? — eles gritaram. — Padre, o senhor não seria capaz de ferir uma mosca. O que aconteceu?

— É uma longa história — disse o sacerdote, — mas, para resumir, eis o que aconteceu. Comprei um bilhete para ir à cidade. Eu estava na plataforma esperando o trem chegar quando chegou uma jovem muito atraente conduzida pelo braço por um policial. Ela olhou para mim, virou-se para o policial e disse: "Foi ele sim. Tenho certeza que foi ele". Bom, para dizer a verdade, fiquei tão lisonjeado que me declarei culpado.[5]

Há um toque de vaidade nos mais santos dos homens e mulheres. Não há razão para negar. E eles sabem que a realidade morde, se não for respeitada.

---

[5] Anthony de MELLO. Op. cit., p. 113,4.

Quando sou honesto, admito que sou um amontoado de paradoxos. Creio e duvido, tenho esperança e sinto-me desencorajado, amo e odeio, sinto-me mal quando me sinto bem, sinto-me culpado por não me sentir culpado. Sou confiante e desconfiado. Honesto e ainda assim insincero. Aristóteles diz que sou um animal racional; eu diria que sou um anjo com um incrível potencial para cerveja.

Viver pela graça significa reconhecer toda a história da minha vida, o lado bom e o ruim. Ao admitir o meu lado escuro, aprendo quem sou e o que a graça de Deus significa. Como colocou Thomas Merton: "Um santo não é alguém bom, mas alguém que experimenta a bondade de Deus".

O evangelho da graça nulifica a nossa adulação aos televangelistas, superastros carismáticos e heróis da igreja local. Ele oblitera a teoria de duas classes de cidadania que opera em muitas igrejas americanas. Pois a graça proclama a assombrosa verdade de que tudo é de presente. Tudo de bom é nosso não por direito, mas meramente pela liberalidade de um Deus gracioso. Embora haja muito que podemos ter feito por merecer — nosso diploma e nosso salário, nossa casa e nosso jardim, uma garrafa de boa cerveja e uma noite de sono caprichada — tudo é possível apenas porque nos foi dado tanto: a própria vida, olhos para ver e mãos para tocar, mente para formar ideias e coração para bater com amor. A nós foram-nos dados Deus em nossa alma e Cristo na nossa carne. Temos o poder de crer quando outros negam; de ter esperança quando outros desesperam; de amar quando outros ferem. Isso e muito mais é pura e simplesmente de presente; não é recompensa a nossa fidelidade, a nossa disposição generosa, a nossa vida heroica de oração. Até mesmo nossa fidelidade é um presente. "Se nos voltamos para Deus", disse Agostinho, "até mesmo isso é um presente de Deus". Minha consciência mais profunda a respeito de mim mesmo é de que sou profundamente amado por Jesus Cristo e não fiz nada para consegui-lo ou merecê-lo.

No meu ministério como evangelista errante, tenho louvado determinados santos e cristãos contemporâneos, falando de a que custo eles pelejaram para suplantar homens e mulheres de menor envergadura. Ó Deus, quanta loucura preguei nesses sermões! A Boa-Nova do evangelho da graça grita em voz alta: somos todos mendigos, igualmente privilegiados, mas não merecedores, às portas da misericórdia de Deus!

Além disso, como observa Henri Nouwen, a maior parte da obra de Deus no mundo talvez passe despercebida. Há uma série de pessoas que ficaram famosas e amplamente conhecidas pelos seus ministérios, mas grande parte da atividade salvífica de Deus na nossa história pode permanecer ainda completamente desconhecida. Este é um mistério difícil de apreender numa era que atribui tamanha importância à publicidade. Temos a tendência de pensar que quanto mais pessoas sabem e falam a respeito de alguma coisa, mais importante ela deve ser.

Em Lucas 18 um jovem rico vem até Jesus perguntando o que ele deve *fazer* para herdar a vida eterna. Ele quer ser colocado no centro das atenções. Não é coincidência que Lucas coloca a passagem de Jesus com as crianças nos versículos que imediatamente precedem a história do jovem aristocrata. As crianças contrastam com o homem rico simplesmente porque não há como discutir elas terem sido capazes de merecer o que quer que seja. O ponto central de Jesus é o seguinte: não há coisa alguma que qualquer um de nós possa fazer para herdar o reino. Devemos simplesmente recebê-lo como criancinhas. E criancinhas não fizeram ainda coisa alguma. O mundo do Novo Testamento não tem uma visão sentimental a respeito de crianças e não nutre qualquer ilusão sobre alguma bondade inata nelas. Jesus não está sugerindo que o céu é um imenso *playground*. As crianças são nosso modelo porque não têm qualquer pretensão ao céu. Se estão mais próximas de Deus é porque são incompetentes, não porque são inocentes. Se recebem alguma coisa, tem de ser de presente.

Paulo escreve em Efésios: "Porque pela graça sois salvos, mediante a fé; e isto não vem de vós; é dom de Deus; não de obras, para que ninguém se glorie" (2:8,9).

Se tomássemos hoje uma amostra aleatória de mil cristãos americanos, a maioria definiria a fé como a crença na existência de Deus. Em tempos antigos não se exigia fé para crer que Deus existe — quase todo mundo aceitava-o como ponto pacífico. Mais corretamente, a fé dizia respeito ao relacionamento da pessoa com Deus — se a pessoa confiava em Deus. A diferença entre fé como "a crença em algo que pode ou não existir" e fé como "confiar em Deus" é tremenda. A primeira é questão da mente; a segunda, do coração. A primeira pode nos deixar inalterado; a segunda, intrinsecamente, traz mudança.[6]

Essa é a fé descrita por Paul Tillich em sua famosa obra *The shaking of the foundations*: "A graça nos atinge quando estamos em grande dor e desassossego. Ela nos atinge quando andamos pelo vale sombrio da falta de significado e de uma vida vazia... Ela nos atinge quando, ano após ano, a perfeição há muito esperada não aparece, quando as velhas compulsões reinam dentro de nós da mesma forma que têm feito há décadas, quando o desespero destrói toda alegria e coragem. Algumas vezes naquele momento uma onda de luz penetra nossas trevas, e é como se uma voz

---

[6] Marcus S. Borg, *Jesus. A new vision, spirit, culture and the life of discipleship*. Nova York: Harper & Row, 1987, p. 35.

dissesse: 'Você é aceito. Você é aceito, aceito pelo que é maior do que você, o nome do qual você não conhece. Não pergunte pelo nome agora; talvez você descubra mais tarde. Não tente fazer coisa alguma agora; talvez mais tarde você faça bastante. Não busque nada, não realize nada, não planeje nada. Simplesmente aceite o fato de que você é aceito'. Se isso acontece conosco, experimentamos a graça".[7]

E a Graça diz em altos brados: você não é só um velho desiludido que vai morrer logo, uma mulher de meia-idade presa num emprego e querendo desesperadamente sair, um jovem sentindo esfriar o fogo do ventre. Você pode ser inseguro, inadequado, confuso ou barrigudo. A morte, o pânico, a depressão e a desilusão podem estar perto. Mas você não é só isso. Você é aceito. Nunca confunda sua percepção de você mesmo com o mistério de que você é realmente aceito.

Paulo escreve: "Então, ele me disse: A minha graça te basta, porque o poder se aperfeiçoa na fraqueza. De boa vontade, pois, mais me gloriarei nas fraquezas, para que sobre mim repouse o poder de Cristo" (2Co 12:9). Quaisquer que sejam as nossas falhas, não precisamos baixar os olhos na presença de Jesus. Ao contrário de Quasímodo, o corcunda de Notre Dame, não precisamos esconder tudo o que é feio e repulsivo em nós. Jesus vem não para o superespiritual, mas para o vacilante e o enfraquecido que sabem que não têm nada a oferecer, e que não são orgulhosos demais para aceitar a esmola da graça admirável. Ao olharmos para cima ficamos surpreendidos por encontrar os olhos de Jesus abertos em assombro, profundos em compreensão e gentis em compaixão.

---

[7] Paul TILLICH. *The shaking of the foundations*. Nova York: Scribner's, 1948, p. 161,2.

Algo está muito errado quando a igreja local rejeita a pessoa que Jesus aceita; quando uma sentença dura, censuradora e implacável é passada aos homossexuais; quando se proíbe um divorciado de participar da ceia; quando o batismo é negado ao filho de uma prostituta; quando se negam os sacramentos a um sacerdote readmitido no ministério depois de uma exclusão. Jesus vem para os profanos, até mesmo no domingo de manhã. A sua vinda dá um fim ao que é profano em nós e nos faz dignos. De outro modo estamos estabelecendo no coração da cristandade uma preocupação completamente profana e indigna com as obras.

Jesus sentava-se à mesa com qualquer um que queria estar presente, inclusive os que eram banidos das casas decentes. Compartilhando da refeição eles recebiam consideração em vez da esperada condenação. Um perdão misericordioso em vez de um apressado veredicto de culpa. Graça admirável em vez de desgraça universal. Eis aqui uma demonstração muito prática da lei da graça — uma nova chance na vida.

Qualquer igreja que não aceite que é formada por homens e mulheres pecaminosos, e que existe para eles, rejeita implicitamente o evangelho da graça. Como diz Hans Küng: "Ela não merece nem a misericórdia de Deus nem a confiança dos homens. A igreja deve estar constantemente consciente de que sua fé é fraca, seu conhecimento incompleto, sua profissão de fé hesitante, de que não há um único pecado ou falha do qual ela não seja de um modo ou de outro culpada. *E embora seja verdade que a igreja deva sempre se dissociar do pecado, ela não pode jamais ostentar qualquer desculpa para manter qualquer pecador a distância.* Se a igreja permanecer de modo farisaico distante dos fracassados, das pessoas irreligiosas e imorais, não pode entrar justificada no reino de Deus. Se, porém, permanecer constantemente conscientizada de sua culpa e de seu pecado, pode viver em jubilosa consciência do seu perdão.

A promessa dada a ela é que qualquer um que se humilhar será exaltado".[8]

Conta a história que um pecador notório foi excluído e proibido de entrar na igreja.

Ele levou as suas dores a Deus:

— Eles não me deixam entrar, Senhor, porque sou um pecador.

— Do que é que você está reclamando? — Deus perguntou. — Eles também não me deixam entrar.

Com frequência, mancando pelas portas da igreja no domingo de manhã, entra a graça de muletas — pecadores ainda incapazes de dispensar suas falsas escoras e de ficar em pé na liberdade dos filhos de Deus. Ainda assim, sua mera presença na igreja no domingo de manhã é uma vela bruxuleante que representa um desejo de manter contato com Deus. Apagar a vela é imergi-los num mundo de trevas espirituais.

Há um mito florescente na igreja de hoje que tem causado dano incalculável — a noção de que, uma vez convertido, convertido por inteiro. Em outras palavras, uma vez que aceito Jesus Cristo como meu Senhor e Salvador, segue-se um futuro inevitável e livre de pecado. O discipulado será uma história imaculada de sucesso; a vida será uma espiral nunca interrompida de ascensão rumo à santidade. Diga isso ao pobre Pedro, que depois de professar por três vezes seu amor por Jesus na praia, e de receber a plenitude do Espírito no Pentecostes, tinha ainda inveja do sucesso apostólico de Paulo.

Com frequência me perguntam: "Brennan, como é possível você ter se tornado um alcoólatra depois de ter sido salvo?". É possível

---

[8] Hans KÜNG. *On being a Christian*. Nova York: Doubleday, 1976, p. 507,8. Küng é um daqueles raros pensadores incapazes de pensamento superficial. Acho difícil declarar o valor e a importância deste livro na minha vida sem recorrer à hipérbole.

porque eu me senti deprimido e amargurado pela solidão e pelo fracasso, porque me senti desencorajado, incerto, esmagado pela culpa e tirei meus olhos de Jesus. Porque meu encontro com Cristo não me transfigurou num anjo. Porque a justificação pela graça significa que meu relacionamento com Deus foi consertado, não que me tornei o equivalente a um paciente sedado em cima de uma mesa.

Desejamos uma espiritualidade permanentemente vigorosa, espiritualidade de caixa automática, e tentamos cultivar determinada virtude em determinado momento do tempo. Prudência em janeiro, humildade em fevereiro, bravura em março, temperança em abril. Provemos fichas de desempenho para avaliar ganhos e perdas. As perdas podem ser minimizadas se você contribuir para obras de caridade em maio. Algumas vezes maio nunca chega. Para muitos cristãos, a vida é um longo janeiro.

De acordo com uma antiga lenda cristã, um santo certa vez ajoelhou-se e orou:

— Caríssimo Deus, tenho um único desejo na vida. Dá-me a graça de jamais ofender-te novamente.

Quando ouviu isso, Deus começou a rir em voz alta.

— É o que todos pedem. Mas se eu concedesse essa graça a todos, me diga, quem restaria para eu perdoar?

Porque a salvação é pela graça por intermédio da fé, creio que entre a incontável multidão em pé diante do trono e do Cordeiro, trajando vestes brancas e trazendo folhas de palmeira nas mãos (Ap 7:9), verei uma prostituta do *Kit-Kat Ranch* em Carson City, Nevada, que com lágrimas nos olhos disse-me que não tinha sido capaz de encontrar outro emprego para sustentar seu filho de dois anos e meio. Verei a mulher que fez um aborto e é assombrada pela culpa e pelo remorso, mas que fez o melhor que podia diante de alternativas cruéis; o homem de negócios assediado pelas dívidas

que vendeu sua integridade numa série de transações desespera-
das; o clérigo inseguro viciado em aprovação, que nunca desafiou
sua congregação do púlpito e ansiava por amor incondicional; o
adolescente que foi molestado pelo próprio pai e agora vende seu
corpo nas ruas e que, antes de dormir a cada noite depois de seu
último "michê", sussurra o nome do Deus desconhecido a respeito
do qual ouviu na Escola Dominical; aquela pessoa que por décadas
comeu e se lambuzou, quebrou cada lei de Deus e dos homens,
chafurdou na lascívia e violentou a terra, e converteu-se no seu
leito de morte.

"Mas como?", perguntamos. A voz então diz: "[Eles] lavaram
suas vestiduras e as alvejaram no sangue do Cordeiro".

Ali estão eles. Ali estamos *nós* — a multidão que queria ser fiel,
que foi por vezes derrotada, maculada pela vida e vencida pelas
provações, trajando as roupas ensanguentadas pelas tribulações da
vida, mas, diante de tudo isso, permaneceu apegada à fé.

Meus amigos, se isso não lhes parece boa nova, vocês nunca
chegaram a compreender o evangelho da graça.

CAPÍTULO DOIS

MAJESTOSA MONOTONIA

S ir James Jeans, o famoso astrônomo britânico, disse certa vez: "O universo parece ter sido desenhado por um Matemático Puro". Joseph Campbell escreveu também sobre "a intuição de uma ordem cósmica, matematicamente definível".

Contemplando a ordem da Terra, do sistema solar e do universo estelar, cientistas e estudiosos concluíram que o Grande Projetista não deixou nada para o acaso.

A inclinação da Terra, por exemplo, de 23 graus, produz as nossas estações. Os cientistas dizem-nos que, se a Terra não tivesse a exata inclinação que tem, os vapores dos oceanos mover-se-iam para norte e sul, cobrindo os continentes de gelo.

Se a Lua estivesse a 80 mil quilômetros da Terra, em vez de 320 mil, as marés seriam tão enormes que todos os continentes seriam submergidos pela água — até mesmo as montanhas seriam afetadas pela erosão.

Se a crosta terrestre fosse apenas três metros mais grossa, não haveria oxigênio, e sem ele toda a vida animal morreria.

Se os oceanos fossem uns poucos metros mais profundos, o dióxido de carbono e o oxigênio teriam sido absorvidos e nenhuma vida vegetal poderia existir.

O peso da Terra foi estimado em seis sextilhões de toneladas (isso é um 6 seguido de 21 zeros). Ela tem, ainda assim, um equilíbrio perfeito e gira com facilidade no seu eixo. Ela revolve diariamente à razão de mais de 1.600 quilômetros por hora ou quarenta mil quilômetros por dia. Num ano isso dá mais de catorze milhões de quilômetros. Considerando o extraordinário peso de seis sextilhões de toneladas girando a essa fantástica velocidade ao redor do seu eixo invisível, as palavras de Jó 26:7 assumem significado sem paralelo: "Ele ... faz pairar a terra sobre o nada".

A Terra revolve em sua própria órbita ao redor do Sol, percorrendo a cada ano o longo circuito elíptico de 965 milhões de quilômetros — o que significa que viajamos nessa órbita à velocidade de trinta quilômetros por segundo, ou 1.800 quilômetros por hora.

Jó nos convida ainda a meditar sobre "as maravilhas de Deus" (37:14). Considere o Sol. Cada metro quadrado da superfície do Sol emite constantemente um nível de energia de 130 mil cavalos-força (isto é, aproximadamente 450 motores de oito cilindros) em chamas que estão sendo produzidas por uma fonte de energia muito mais potente que carvão.

Os nove grandes planetas no nosso sistema solar distam do Sol entre 57 milhões e cerca de cinco trilhões e oitocentos bilhões de quilômetros; cada um deles gira ao redor do Sol com absoluta precisão, com órbitas que variam entre 88 dias para Mercúrio e 248 anos para Plutão.

Ainda assim o Sol é apenas uma estrela menor nos 100 bilhões de astros que compõem a nossa galáxia, a Via Láctea. Se você fosse capaz de enxergar bem o suficiente, uma moeda de dez centavos estendida à distância de um braço ocultaria quinze milhões de estrelas.

Quando tentamos apreender mentalmente as quase incontáveis estrelas e outros corpos celestes encontrados na nossa Via Láctea, apenas, somos levados a ecoar o hino de louvor de Isaías ao Todo--Poderoso Criador: "Levantai ao alto os olhos e vede. Quem criou estas coisas? Aquele que faz sair o seu exército de estrelas, todas bem contadas, as quais ele chama pelo nome; por ser ele grande em força, e forte em poder, nem uma só vem a faltar" (40:26).

Não é de admirar que Davi clame: "Ó SENHOR, Senhor nosso, quão magnífico em toda a terra é o teu nome! Pois expuseste nos céus a tua majestade. Da boca de pequeninos e crianças de peito suscitaste força, por causa dos teus adversários, para fazeres emudecer o inimigo e o vingador. Quando contemplo os teus céus, obra dos teus dedos, e a lua e as estrelas que estabeleceste, que é o homem, que dele te lembres? E o filho do homem, que o visites?" (Sl 8:1-4).[1]

A criação revela tanto poder que desconcerta nossa mente e deixa-nos sem palavras. Somos enamorados e encantados pelo poder de Deus. Gaguejamos e hesitamos diante da santidade de Deus. Trememos diante da majestade de Deus... e apesar disso mostramo-nos melindrosos e ressabiados diante do amor de Deus.

Fico estupefato diante da difundida recusa, em nossas terras, em pensar-se grande sobre um Deus amoroso. Como nervosos puros-sangues sendo guiados à linha de partida do Derby de Kentucky, muitos cristãos relincham, escoiceiam e pinoteiam diante da revelação do superabrangente amor de Deus em Jesus Cristo.

Em meu ministério como evangelista errante tenho encontrado chocante resistência ao Deus que a Bíblia define como Amor. Os céticos estão entre os acadêmicos untuosos e excessivamente polidos que sugerem discretamente traços da heresia do universalismo a crentalhões ultraconservadores que enxergam apenas o implacável

---

[1] Essa fascinante coleção de dados científicos foi extraída de uma apresentação realizada no Rotary Clube de Sea Island, na Georgia, em 1978.

e empoeirado Deus guerreiro do Pentateuco, e insistem em reafirmar as frias demandas de um perfeccionismo infestado de regras.

Nossa resistência ao amor furioso de Deus pode ser traçada de volta à igreja, a nossos pais e pastores e à própria vida. Foram eles, protestamos, que esconderam a face do Deus compassivo em favor de um Deus de santidade, justiça e ira.

No entanto, se fôssemos verdadeiramente homens e mulheres de oração, nossos rostos como pederneira e nosso coração devastado pela paixão, abriríamos mão de nossas desculpas. Pararíamos de colocar a culpa nos outros.

Temos de sair para um deserto de algum tipo (seu quintal serve) e adentrar uma experiência pessoal com o assombroso amor de Deus. Então poderemos concordar com conhecimento de causa, com o místico inglês Julian de Norwich: "A maior honra que podemos dar ao Deus Todo-Poderoso é viver com alegria pelo conhecimento do seu amor". Poderemos entender por que, como observa o *Dicionário teológico do Novo Testamento*, de Kittel, que nos últimos dias de sua vida na ilha de Patmos o apóstolo João escreveu, e escreveu com *majestosa monotonia*, sobre o amor de Jesus Cristo. Como que pela primeira vez, poderemos compreender o que Paulo queria dizer: "Veio, porém, a lei para que a ofensa abundasse; mas, onde o pecado abundou, superabundou a graça; para que, assim como o pecado reinou na morte, também a graça reinasse pela justiça para a vida eterna, por Jesus Cristo, nosso Senhor" (Rm 5:20,21; ARC).

Da mesma forma que João escreveu, no crepúsculo da vida, apenas sobre o amor de Jesus, Paulo também escreveu abundantemente sobre o evangelho da graça:

- A graça de Deus é a totalidade pelo que homens e mulheres são tornados justos (Rm 3:24; Tt 3:7).

- Pela graça Paulo foi chamado (Gl 1:15).

- Deus derrama sua gloriosa graça sobre nós em seu Filho (Ef 1:6).

- A graça de Deus foi manifestada para a salvação de todos (Tt 2:11).

- A graça de nosso Senhor superabundou com a fé e o amor que há em Jesus Cristo (1Tm 1:14).

- A graça é depósito ao qual temos acesso através de Jesus Cristo (Rm 5:2).

- É um estado ou condição em que nos encontramos (Rm 5:2).

- É recebida em abundância (Rm 5:17).

- A graça de Deus abundou mais que o pecado (Rm 5:15, 20,21; 6:1).

- É-nos dada em Cristo (1Co 1:4).

- Paulo não a recebeu em vão (2Co 6:1).

- A superabundante graça de Deus está dentro do cristão (2Co 9:14).

- Ela se estende para mais e mais pessoas (2Co 4:15).

- A graça contrasta com as obras, que carecem do poder para salvar; se as obras tivessem esse poder, a realidade da graça seria anulada (Rm 11:5ss; Ef 2:5,7ss; 2Tm 1:9).

- A graça contrasta com a Lei. Tanto judeus quanto gentios são salvos pela graça do Senhor Jesus (At 15:11).

- Apegar-se à Lei é anular a graça (Gl 2:21); e quando os gálatas aceitaram a Lei caíram da graça (Gl 5:4).

- O cristão não está debaixo da Lei, mas debaixo da graça (Rm 6:14ss).

- A graça contrasta com o que é dívida (Rm 4:4).

- O evangelho, que é a boa nova da graça, pode ele mesmo ser chamado de graça (At 20:24) ou de palavra da graça (At 14:3; 20:32).

Sim, o Deus gracioso encarnado em Jesus Cristo *nos ama*.

A graça é a expressão ativa deste amor. O cristão vive pela graça como filho do Abba, rejeitando por completo o Deus que pega as pessoas de surpresa ao menor sinal de fraqueza — o Deus incapaz de sorrir diante de nossos erros desajeitados, o Deus que não aceita um lugar em nossas festividades humanas, o Deus que diz "você vai pagar por isso", o Deus incapaz de compreender que crianças sempre se sujam e são distraídas, o Deus eternamente bisbilhotando à caça de pecadores.

Ao mesmo tempo, o filho do Pai rejeita o Deus de cores pastéis que promete que nunca vai chover no nosso desfile.

Um pastor que conheço lembra-se de um estudo bíblico de domingo de manhã na sua igreja em que o texto estudado era Gênesis 22. Deus ordena que Abraão tome seu filho Isaque e ofereça-o como sacrifício no monte Moriá.

Depois que o grupo leu a passagem, o pastor esboçou o pano de fundo deste período da história da salvação, mencionando inclusive a predominância do sacrifício de crianças entre os cananitas. O grupo ouvia em embaraçado silêncio.

O pastor então perguntou:

— Mas o que essa história tem a dizer para nós?

Um homem de meia-idade falou.

— Vou dizer o que essa história me diz. Decidi que eu e minha família vamos procurar outra igreja.

O pastor ficou perplexo.

— O quê? Mas por quê?

— Porque — respondeu o homem — quando olho para esse Deus, o Deus de Abraão, sinto-me mais próximo do Deus verdadeiro, não esse sofisticado e escrupuloso Deus de Rotary Clube a respeito do qual ficamos tagarelando aqui nas manhãs de domingo. O Deus de Abraão era capaz de fazer um homem ir pelos ares, de dar e tomar uma criança, de pedir tudo a uma pessoa e ainda querer mais. Quero conhecer esse Deus.

O filho de Deus sabe que a vida tocada pela graça chama-o para viver numa montanha fria e exposta ao vento, não nas planícies aplainadas de uma religião sensata e de meio-termo.

Pois no coração do evangelho da graça o céu escurece, o vento ruge, um jovem sobe um outro monte Moriá em obediência ao Deus implacável que exige tudo. Ao contrário de Abraão, ele carrega nas costas uma cruz, e não lenha para o fogo... como Abraão, em obediência a um Deus selvagem e irriquieto que fará as coisas da sua forma não importe o que custe.

Esse é o Deus do evangelho da graça. Um Deus que, por amor a nós, mandou o único Filho que jamais teve embalado em nossa própria pele. Ele aprendeu a andar, tropeçou e caiu, chorou pedindo leite, transpirou sangue na noite, foi fustigado com um açoite e alvo de cusparadas, foi preso à cruz e morreu sussurrando perdão sobre todos nós.

O Deus do cristão legalista, por outro lado, é com frequência imprevisível, errático e capaz de toda espécie de preconceito. Quando vemos Deus dessa forma sentimo-nos compelidos a nos envolvermos em alguma espécie de mágica para aplacá-lo. A adoração de domingo torna-se um seguro supersticioso contra os seus caprichos. Esse Deus espera que as pessoas sejam perfeitas e estejam em perpétuo controle de seus sentimentos e emoções. Quando gente esmagada por esse conceito de Deus acaba falhando — como inevitavelmente acontece — ela em geral espera punição. Ela por isso persevera em práticas religiosas ao mesmo tempo em que luta para manter uma imagem oca de um eu perfeito. A luta em si é exaustiva. Os legalistas nunca são capazes de viver à altura das expectativas que projetam em Deus.

Uma mulher casada de Atlanta, com dois filhos pequenos, disse-me recentemente que estava certa de que Deus estava desapontado com ela por não estar "fazendo nada" por ele. Ela contou-me que sentia-se chamada para participar de um ministério de assistência que oferecia um "sopão", mas hesitava em deixar os seus filhos aos cuidados de outra pessoa. Ela ficou chocada quando eu lhe disse que o chamado não provinha de Deus mas do seu próprio e arraigado legalismo. Ser uma boa mãe não bastava para ela. No julgamento dela, também não bastava para Deus.

De modo semelhante, uma pessoa que pensa em Deus como um canhão à solta lançando panfletos aleatórios para nos informar sobre quem está no comando irá tornar-se temerosa, egoísta e provavelmente inflexível em suas expectativas a respeito dos outros. Se o seu Deus é uma força cósmica e impessoal, sua religião será necessariamente evasiva e vaga. A imagem de Deus como um brutamontes onipotente que não tolera qualquer intervenção humana cria um estilo de vida rígido governado por leis puritanas e dominadas pelo medo.

Mas a confiança no Deus que ama de forma consistente produz fielmente discípulos livres e confiantes. Um Deus amoroso fomenta um povo amoroso. "O fato de que nossa visão de Deus molda nossa vida em grande parte pode ser uma das razões pelas quais a Escritura atribui tanta importância a buscar conhecê-lo."[2]

Essa verdade é ilustrada pela visão que o profeta Jonas tinha de Deus. Jonas sente-se tão ultrajado quando os ninivitas se convertem depois da sua pregação que deseja morrer. Ele não queria que Deus

---

[2] Peter Van BREEMEN. *Certain as the dawn*. Denville: Dimension Books, 1980, p. 13.

perdoasse Nínive; queria juízo. Seu nacionalismo estreito tornou impossível para ele apreender o superabrangente amor de Deus.[3] A mensagem desse livro profético, porém, transcende os limites do profeta. Ele proclama quão bondoso Deus é, a forma como sua compaixão estende-se a cada criatura do seu universo, até mesmo, como diz a última palavra do livro, "aos animais". Todos os homens e mulheres são o povo que recebe o seu cuidado. Todos são chamados a aceitarem o presente extravagante da sua graça, pois aceitação significa simplesmente voltar-se para Deus.

Jonas não conseguiu lidar com isso. Ele perdeu a compostura, ficou furioso quando um pé de mamona que lhe servia de guarda-sol murchou, mas mostrou-se ainda assim disposto a deixar, sem nem sequer pestanejar, que milhares de pessoas perecessem em sua incredulidade. Ele não era um sujeito mau. Afinal de contas, mostrou-se disposto a dizer adeus ao mundo pelos marinheiros pagãos. Não mau, apenas míope. Deus era o seu Deus, o Deus dos hebreus, aprisionado num único país, um único templo, uma única arca da aliança.

A teologia desse livro sagrado é um toque de trombeta para os israelitas de ambos os testamentos: pensem grande a respeito de Deus. A misericórdia de Deus para com Nínive arrependida, para com Jonas em sua autopiedade, até mesmo para com animais sem entendimento, prepara caminho para o evangelho da graça: Deus é amor.

> Ao longo dos anos tenho visto cristãos moldando Deus a sua própria imagem — em todos os casos um Deus assustadoramente pequeno. Alguns católicos ainda creem que apenas eles se alimentarão dos pastos verdejantes do céu (...) Há o Deus que tem uma afeição particular pela América capitalista e tem em alta conta o

---

[3] Walter J. BURGHARDT, S. J. *Grace on crutches: homilies for fellow travelers*. Nova York: Paulist Press, 1985, p. 101-2.

viciado em trabalho, e o Deus que ama apenas os pobres e desprivilegiados. Há o Deus que marcha com seus exércitos vitoriosos e o Deus que ama apenas os mansos que oferecem a outra face. Algumas pessoas, como o filho mais velho de Lucas, fazem cara feia e beicinho quando o Pai bota pra quebrar e serve do bom e do melhor para o filho pródigo que gastou o seu último centavo com prostitutas. Alguns, tragicamente, recusam-se a acreditar que Deus possa perdoá-los: "Meu pecado é grande demais".[4]

Esse não é o Deus da graça que "deseja que todos os homens sejam salvos" (1Tm 2:4). Esse não é o Deus encarnado em Jesus e que Mateus veio a conhecer, o Deus que chama pecadores — categoria que, como eu e você sabemos, inclui todo mundo.

Isso me traz à lembrança uma cena maravilhosa do conto "Revelação", de Flannery O'Connor, baseado no último livro da Bíblia. O protagonista é a sra. Turpin, uma mulher farisaica, muito orgulhosa de sua boa disposição, de suas boas obras e de seu senso de decência. Ela tem pouca consideração pelos negros e pelos brancos pobres. Ela odeia os deficientes e os doentes mentais. À noite, na cama, fica se perguntando quem ela seria se não pudesse ter sido ela mesma.

> Se Jesus tivesse dito a ela antes de fazê-la: "Há apenas duas vagas disponíveis para você. Você pode ser uma negra ou então uma branca pobre. Qual dessas?", ela teria se retraído e se contorcido antes de finalmente responder: "Tudo bem, faça-me negra então, mas não uma dessas maloqueiras". E ele a teria feito uma mulher negra limpa e asseada, ela mesma numa versão negra.

Bem, um dia a sra. Turpin vai ao consultório médico e vê-se cercada pelo tipo de pessoas que ela despreza. De repente uma jovem

---

[4] Id. Ibid., p. 108.

com acne atravessa a passos largos a sala de espera, golpeia a sra. Turpin com um livro e tenta estrangulá-la. Quando a ordem é finalmente restaurada, a sra. Turpin, como se estivesse aguardando uma revelação, pergunta:

— O que você tem a me dizer?

— Volte para o inferno de onde você veio, sua porca velha! — grita a moça.

A sra. Turpin desaba. O seu mundo fez-se em pedaços. O Deus que ela havia moldado a sua própria imagem, tão satisfeito com a sua piedade, havia desaparecido.

Ela vai para casa e fica em pé no seu quintal olhando para o chiqueiro. E recebe uma visão. Do chão ergue-se uma ponte brilhante, oscilante e ardente que liga a terra e o céu, e por ela "uma enorme horda de almas subiam barulhentamente rumo ao céu. Havia multidões inteiras de mendigos brancos, limpos pela primeira vez em suas vidas, e grupos de negros trajando roupas brancas, e batalhões de deficientes e de lunáticos gritando, batendo palmas e saltando como sapos" e finalmente uma tribo inteira de gente como ela mesma, "marchando atrás dos outros com grande dignidade, da forma indiscutivelmente ordeira, sensata e respeitável que podia em todas as ocasiões esperar-se deles. Eram os únicos que cantavam afinado. Ainda assim ela podia ver pelas suas expressões chocadas e alteradas que até mesmo as virtudes deles estavam sendo desfeitas".

A história termina com a sra. Turpin voltando a entrar em casa ouvindo apenas "as vozes das almas subindo rumo aos campos estrelados e gritando 'aleluia'".[5]

---

[5] Flannery O'CONNOR. *The complete stories*. Nova York: Farrar, Straus and Giroux, 1971, p. 491. A autora (1925-1964) morreu de um lúpus incurável, e deixou para trás um corpo de ficção, especialmente contos, que tem a estatura de clássicos cristãos. Antes de sua morte ela disse: "Você encontrará Cristo quando estiver preocupado com o sofrimento dos outros, e não com o seu".

Talvez haja um traço de sra. Turpin em bastante gente santa. Uma amiga minha disse-me anos atrás que a única coisa que a deixava incomodada a respeito de ir para o céu é que ela não vai poder escolher os que se sentarão a seu lado na mesa no banquete messiânico.

Nossa experiência com o amor incondicional de Deus deve ser moldada pelas Escrituras. A Palavra escrita de Deus deve apoderar-se de nós da mesma forma que a sua Palavra falada apoderou-se de Isaías e de Jeremias, Ezequiel e Oseias; da mesma forma que a Palavra falada de Cristo fascinou Mateus e Maria Madalena, e cativou Simão Pedro e a mulher samaritana.

A Palavra que estudamos tem de ser a Palavra que oramos. Minha experiência pessoal com a incansável ternura de Deus não veio da exegese, de teólogos ou escritores espirituais, mas de ficar sentado imóvel diante da Palavra viva, suplicando que ele me ajudasse a compreender com minha mente e meu coração a sua Palavra escrita. O mero conhecimento acadêmico não pode sozinho revelar-nos o evangelho da graça. Não devemos jamais permitir que a autoridade de livros, instituições ou líderes substitua a autoridade de *conhecer* Jesus Cristo pessoalmente e diretamente. Quando as visões religiosas de outros se interpõem entre nós e a experiência de primeira mão de Jesus como Cristo, tornamo-nos agentes de viagem pouco convincentes que distribuem sem convicção panfletos para lugares que nunca visitaram.

Em seu famoso sermão de Natal de 1522, Martinho Lutero clamou:

> Ah! se Deus permitisse que a minha interpretação e a de todos os
> outros mestres desaparecessem, e que cada cristão pudesse chegar
> diretamente à Escritura apenas, e à pura palavra de Deus! Percebe-
> -se já por essa tagarelice minha a incomensurável diferença entre

a palavra de Deus e todas as palavras humanas, e como homem algum pode, com todas as suas palavras, adequadamente alcançar e explicar uma única palavra de Deus. Trata-se de uma palavra eterna e deve ser compreendida e meditada com uma mente silenciosa. Ninguém é capaz de compreendê-la a não ser a mente que a contempla em silêncio. Para qualquer um capaz de fazê-lo sem comentário ou interpretação, meus comentários e os de todos os outros não seriam apenas inúteis, mas um estorvo. Vão para a própria Bíblia, caros cristãos, e não permitam que as minhas exposições e as de outros estudiosos sejam mais do que uma ferramenta que capacite a edificar de forma eficaz, de modo que sejamos capazes de compreender, experimentar e habitar a simples e pura palavra de Deus; pois apenas Deus habita em Sião.[6]

O filósofo Jacques Maritain disse certa vez que o ápice do conhecimento não é conceitual mas experiencial: eu sinto Deus. Essa é a promessa das Escrituras: Aquietai-vos e sabei (experimentem) que eu sou Deus. Minha própria jornada dá testemunho disso. O que quero dizer com isso é que um Deus vivo e amoroso pode fazer e de fato faz a sua presença ser sentida; pode falar e de fato fala conosco no silêncio do nosso coração; pode e de fato nos acolhe e acaricia até que não tenhamos mais qualquer dúvida de que ele está próximo, de que ele está de fato aqui. Tal experiência é pura graça para os pobres, para as crianças e para os pecadores, que são os personagens privilegiados no evangelho da graça. Ela não pode ser extraída à força de Deus. Ele a concede livremente, de fato a concede, e tem concedido a gente como Moisés, Mateus, Roslyn e eu mesmo. Na verdade, não existe ninguém para quem Deus a negue. Disse Inácio de Loyola:

---

[6] Gerhard EBELING. *Luther, an introduction to his thought*. Philadelphia: Fortress, 1970, p. 45,6.

"A experiência direta de Deus é de fato graça, e basicamente não há ninguém a quem ela seja recusada".

Em essência, há uma única coisa que Deus pede de nós — que sejamos homens e mulheres de oração, gente que viva perto de Deus, gente para quem Deus seja tudo e para quem Deus seja suficiente. Essa é a raiz da paz. Temos paz quando o Deus gracioso é tudo que buscamos. Quando começamos a buscar qualquer coisa além dele, nós a perdemos. Como disse Merton na última declaração pública antes da sua morte: "Este é o chamado dele para nós: simplesmente sermos gente a quem basta viver perto dele, e renovar o tipo de vida em que essa proximidade é sentida e experimentada".

Houve uma época na minha vida em que eu não sabia coisa alguma a respeito desse Deus gracioso e seu evangelho da graça. Antes do meu encontro com Jesus, minha vida pessoal era marcada por culpa, vergonha, medo, ódio a mim mesmo e, obviamente, baixa autoestima. Veja, crescendo como católico no fim das décadas de 1930, 1940 e 1950, minha preocupação central era o pecado. O pecado estava em todo lugar. Ele nos consumia e dominava nossa consciência.

Havia dois tipos de pecado: o mortal, que era mais sério, e o venial. Cometer um pecado mortal é saber claramente que o que você está prestes a fazer, pensar, querer ou dizer é seriamente errado... e ainda assim fazê-lo, pensá-lo, querê-lo ou dizê-lo da mesma forma. A maior parte das coisas erradas que fazemos encaixa-se na categoria menos ofensiva de pecado venial. Cometer um pecado venial é fazer alguma coisa que não é tão errada assim, ou fazer algo seriamente grave que você não *acha* que é tão errado assim, ou que o seu coração não tem realmente vontade de fazer. Se o seu irmãozinho menor está sendo uma peste e você diz a ele que queria que ele estivesse morto, você cometeu um pecado venial. Se você dá um tiro e o mata, cometeu um pecado mortal.

Embora a diferença entre pecado mortal e venial pareça óbvia, não se engane. Há mais aqui do que parece na superfície. O que é seriamente errado e o que não é? E quem decide? Eis uma situação que cada católico da minha geração era obrigado a enfrentar rotineiramente: Você está no Yankee Stadium assistindo a um jogo de beisebol numa noite de sexta-feira em junho de 1950. Católicos são proibidos de comer carne às sextas-feiras, sob pena de pecado mortal. Mas você quer um cachorro-quente.

Considerar a possibilidade de comer carne numa sexta-feira é por si mesmo um pecado venial; querer comer é outro. Você nem saiu da poltrona e já pecou duas vezes. E se você acabar mesmo comendo um? Fora o risco de engasgar com a comida proibida e ser punido na mesma hora, você cometeu um pecado mortal ou venial? Bem, se você acha que é mortal, pode ser que seja mesmo mortal; se você acha que é venial, talvez ainda assim seja mortal. Depois de muito refletir, você decide que é venial. Você chama o vendedor de cachorro-quente, tira o dinheiro do bolso e compra um. Este é claramente um ato voluntário. Você acha que pode ir confessar seu pecado ao padre no sábado à noite. Mas espere lá! Um pecado venial não se torna mortal quando você o comete deliberadamente? É um risco que você está correndo. E se você esqueceu que é sexta-feira? Nesse caso, comer o cachorro-quente talvez não seja pecado, mas esquecer que é sexta-feira é. E se você lembrar que é sexta-feira quando estiver na metade do cachorro-quente? Será um pecado venial terminá-lo? E se você jogar o resto fora, não é desperdício de comida? Em cinco minutos você já cometeu pecados suficientes para mantê-lo no purgatório por um milhão de anos. A coisa mais simples a fazer é não arriscar — fique longe do Yankee Stadium às sextas-feiras.

Ser católico naqueles dias significava uma luta para evitar o pecado, quer fosse mortal ou venial. Ao mesmo tempo em que você não queria ir para o inferno, não queria também apodrecer no purgatório. É melhor evitar riscos. Ponderar cada pensamento, palavra, ação, desejo e omissão. Concluir que tudo que você tem vontade de fazer é pecado.[7]

Em retrospecto, embora muito de tudo isso pareça hilariante, os sentimentos de culpa e de vergonha eram terrivelmente reais. Numa noite de verão de junho de 1947 cheguei à puberdade. Comecei a explorar meu corpo no chuveiro e, pela primeira vez, ele formigou em resposta. Masturbei-me, entrei em pânico, enfiei as roupas mesmo antes de me enxugar e corri para a igreja local, onde confessei meu pecado. O padre trovejou:

— Você fez o quê? Você sabia que pode ir para o inferno por isso?

A voz dele retumbou pela igreja repleta. Fui para casa sentindo-me humilhado e assustado. (Desde então, tenho conhecido muitos confessores gentis, sábios e compassivos, e os afetuosos ventos da primavera têm soprado na Igreja Católica depois de um longo e gélido inverno.)

Ao longo dos anos a consciência crescente da graça radical produziu profundas mudanças em minha percepção de mim mesmo. A justificação pela graça mediante a fé significa que sou aceito por Deus como sou. Quando minha mente é iluminada e meu coração penetrado por essa verdade, posso aceitar-me *como sou*. A autoaceitação genuína não deriva do poder do pensamento positivo, de jogos mentais ou da psicologia popular. *É operação da fé* no Deus da graça.

Por diversas vezes durante meu ministério as pessoas têm expressado o temor de que essa autoaceitação irá abortar o processo de conversão em andamento e conduzir a uma vida de ociosidade

---

[7] Jeff Stone, et al. *Growing up catholic*. Nova York: Doubleday, 1984, p. 15-6.

espiritual e frouxidão moral. Nada poderia estar mais longe da verdade. A aceitação do eu não implica resignar-se com o estado de coisas. Ao contrário, quanto mais plenamente aceitamos a nós mesmos, mais começamos a crescer de forma bem-sucedida. O amor é um estímulo muito superior à ameaça e à pressão.

> Certa santa costumava dizer que era o tipo de mulher que avança mais rapidamente quando atraída pelo amor do que conduzida pelo medo. Ela era, no entanto, perspicaz o bastante para saber que somos, todos nós, esse tipo de pessoa. É possível alcançar-se grande santidade de vida ao mesmo tempo em que nos mantemos tendendo a mesquinharia e insinceridade, sensualidade e inveja, mas o primeiro passo será sempre reconhecer que sou assim. Em termos de crescimento espiritual, a convicção-fé de que Deus aceita-me como sou é um tremendo incentivo para que eu melhore.[8]

Quando nos aceitamos pelo que somos diminui em nós a fome de poder e da aceitação dos outros, porque nossa intimidade conosco reforça-nos o senso de segurança. Deixamos de nos preocupar em ser poderosos ou populares. Deixamos de temer as críticas, porque aceitamos a realidade de nossas limitações humanas. Uma vez integrados, é com menos frequência que somos assaltados pelo desejo de agradar os outros, simplesmente porque ser verdadeiros conosco produz paz duradoura. Somos gratos pela vida e nos amamos e nos apreciamos a nós mesmos em profundidade.

Este capítulo começou com um hino de louvor ao poder de Deus manifesto nas obras da criação. O evangelho da graça elimina qualquer aparente dicotomia entre o poder de Deus e o seu amor, pois a obra de criação é um ato de amor. O Deus que lançou das pontas dos seus dedos este universo repleto de galáxias e estrelas,

[8] Van BREEMEN. Op. cit., p. 61.

pinguins e mergulhões, gaivotas e pelicanos, pomerânios e poodles, elefantes e sempre-verdes, papagaios e carunchos, pêssegos e peras e um mundo repleto de filhos feitos a sua própria imagem, é o Deus que ama com majestosa monotonia.

Qualquer um que tenha experimentado o amor do Senhor da Dança poderá lhe dizer: monótono não é sinônimo de *tedioso*.

CAPÍTULO TRÊS

O EVANGELHO MALTRAPILHO

Depois de ler o evangelho de Lucas inteiro pela primeira vez, certa adolescente disse: "Oba! Tipo, Jesus tinha uma tremenda queda radical por maltrapilhos!".

Essa jovem chegou a uma conclusão importante.

Jesus gastava uma porção disparatada de tempo com gente que é descrita nos Evangelhos como: pobres, cegos, coxos, leprosos, famintos, pecadores, prostitutas, cobradores de impostos, perseguidos, marginalizados, cativos, possuídos por espíritos imundos, todos os oprimidos e sobrecarregados, a ralé que não tem qualquer conhecimento da lei, multidões, pequeninos, menores, últimos e ovelhas perdidas da casa de Israel.

Resumindo, Jesus vivia constantemente com os maltrapilhos.

Obviamente o seu amor pelos fracassados e insignificantes não era um amor exclusivo — isso meramente substituiria um preconceito de classe por outro. Ele se relacionava com afeto e compaixão com gente das classes média e alta não por causa das suas conexões familiares, respaldo financeiro, inteligência ou presença na coluna social, mas porque eles também eram filhos de Deus. Embora nos Evangelhos o termo *pobre* englobe todos os oprimidos que dependem da misericórdia de outros, ele estende-se também àqueles que confiam inteiramente na misercórdia de Deus e aceitam o evangelho da graça — os pobres de espírito (Mt 5:3).

A preferência de Jesus por gente de menor envergadura e sua parcialidade em favor dos maltrapilhos é fato irrefutável na narrativa do Evangelho. Como disse o filósofo francês Maurice Blondel: "Se você quer realmente compreender um homem, não apenas ouça o que ele diz, mas observe o que ele faz".

Um dos mistérios da tradição do evangelho é essa estranha atração de Jesus pelos que não tinham nada de atraente, esse estranho desejo pelos que não eram em nada desejáveis, esse estranho amor pelos que não tinham nada de amável. A chave desse mistério é, naturalmente, Abba. Jesus faz o que ele vê o Pai fazendo, ele ama aqueles que o Pai ama.[1]

Em sua resposta à pergunta dos discípulos sobre quem é o maior no reino dos céus (Mt 18:1), Jesus aboliu qualquer distinção entre a elite e a ralé na comunidade cristã.

> E Jesus, chamando uma criança, colocou-a no meio deles. E disse: Em verdade vos digo que, se não vos converterdes e não vos tornardes como crianças, de modo algum entrareis no reino dos céus. Portanto, aquele que se humilhar como esta criança, esse é o maior no reino dos céus.
>
> Mateus 18:2-4

Jesus vai ao cerne da questão quando faz a criança sentar-se em seu colo. Ela não tem consciência de si mesma, é incapaz de fingir. Lembro-me da noite em que o pequeno John Dyer, com três anos de idade, bateu na nossa porta flanqueado pelos seus pais. Olhei para baixo e disse:

---

[1] Donald P. GRAY. *Jesus, the way to freedom*. Winona: St. Mary's College, 1979, p. 38. Essa pérola de 72 páginas é erudita porém facilmente assimilável. Ela respira o ar do evangelho da graça. A visão que Gray tem de Jesus é como chuva refrescante sobre terra seca. Altamente recomendado.

— Ei, John. Que bom ver você.

Ele não olhou nem para a esquerda nem para a direita. Seu rosto estava rígido como uma pedra. Ele cerrou os olhos com o cintilar apocalíptico de uma arma apontada.

— Onde estão os biscoitos? — ele exigiu.

O reino pertence a pessoas que não estão tentando fazer gênero nem impressionar ninguém, muito menos elas mesmas. Elas não estão planejando o que podem fazer para chamar atenção para si mesmas, não estão se preocupando com a forma como os seus atos serão interpretados ou perguntando-se se ganharão estrelas douradas pelo seu comportamento. Vinte séculos depois, Jesus fala incisivamente ao asceta presunçoso preso ao narcisismo fatal do perfeccionismo espiritual, àqueles de nós pegos em flagrante vangloriando-se de suas vitórias na vinha, àqueles de nós que choramingam e pavoneiam suas fraquezas humanas e defeitos de caráter. A criança não tem de lutar para alcançar uma posição de onde poderá relacionar-se favoravelmente com Deus; ela não tem de projetar modos engenhosos de explicar a sua posição para Jesus; ela não tem de criar um rosto aceitável para si mesma; ela não tem de atingir qualquer estado de sentimento espiritual ou de compreensão intelectual. Tudo que ela tem de fazer é aceitar com alegria os biscoitos: a dádiva do reino.

Quando Jesus nos diz para nos tornarmos como criancinhas, ele está nos convidando a esquecer o que ficou para trás. O pequeno John Dyer não tem passado. O que quer que tenhamos feito no passado, seja bom ou mau, grande ou pequeno, é irrelevante para a nossa condição diante de Deus hoje. É apenas *agora* que estamos na presença de Deus.

O significado de viver em fidelidade ao momento presente, sem retroceder ao passado ou antecipar o futuro, é maravilhosamente ilustrado pela história de um monge que estava sendo perseguido por um tigre feroz. Ele correu até a beirada de um despenhadeiro, olhou para trás e viu o tigre rugindo e pronto para dar o bote. O monge então notou uma corda que pendia da beira do precipício. Ele agarrou-a depressa e começou a descer a lateral do despenhadeiro agarrado na corda, para escapar das garras do tigre. Que alívio! Essa foi por pouco. Ele então olhou para baixo e enxergou uma imensa extensão de rochas pontiagudas aguardando 150 metros abaixo. Ele olhou para cima e viu o tigre a postos no alto do precipício com as garras à mostra. Nesse exato momento dois camundongos começaram a roer a corda. O que fazer?

O monge viu um morango que se estendia ao alcance da sua mão da face do despenhadeiro. Ele colheu-o, comeu e exclamou: "Que delícia; este é o melhor morango que já comi na vida". Se ele estivesse preocupado com as rochas abaixo (o futuro) ou com o tigre acima (o passado), teria perdido o morango que Deus estava lhe dando no momento presente. Crianças não se concentram nos tigres do passado ou nas pedras do futuro, mas apenas no morango que está *aqui e agora*.

O apóstolo Paulo captou em toda a sua extensão o significado do ensino de Jesus de tornar-se como uma criancinha. Servindo como porta-casacos durante o apedrejamento de Estêvão e como líder-chave na chacina dos cristãos, Paulo poderia muito bem ter se tornado um caso patológico se tivesse se concentrado no seu passado pré-cristão. Ele, porém, escreve: "Uma coisa eu faço: esqueço aquilo que fica para trás e avanço para o que está na minha frente" (Fp 3:13; NTLH).

Quaisquer realizações do passado que possam ter nos trazido honra, quaisquer desgraças passadas que nos façam corar de vergonha, foram todas crucificadas com Cristo e não existem mais exceto nos recessos da eternidade, onde "o bem é exaltado em glória e o mal é misteriosamente estabelecido como parte de um bem maior".[2]

Se queremos captar em toda a sua força o ensino de Jesus aqui, é importante que lembremos a atitude judaica com relação às crianças na Palestina do primeiro século. Hoje em dia, nossa tendência é idealizar a infância como a feliz idade da inocência, da despreocupação e da fé singela, mas no tempo do Novo Testamento as crianças não eram consideradas de qualquer importância e mereciam pouca atenção ou favor. "Crianças naquela sociedade não tinham status algum — simplesmente não contavam".[3] A criança era encarada com escárnio.

Para o discípulo de Jesus, "tornar-se como uma criancinha" significava a disposição de aceitar-se de pouca monta e ser considerado sem importância. A criancinha que é a imagem do reino é símbolo daqueles que ocupam as posições mais inferiores na sociedade, os pobres e oprimidos, os mendigos, as prostitutas e os cobradores de impostos — as pessoas que Jesus com frequência chamava de "pequeninos" e de "últimos". A preocupação de Jesus era que esses pequeninos não deveriam ser desprezados ou tratados como inferiores. "Vede, não desprezeis a qualquer destes pequeninos" (Mt 18:10). Ele estava muito consciente dos sentimentos de vergonha e de inferioridade deles, e por causa da sua compaixão eles eram, a seus olhos, de valor extraordinariamente grande. No que lhe dizia respeito, eles não tinham nada a temer. O reino era deles.

---

[2] Simon TUGWELL. *The beatitudes: Soundings in Christian traditions*. Springfield: Templegate Publishers, 1980, p. 7. Em minha opinião, das miríades de livros escritos sobre as bem-aventuranças, nenhum supera a profundidade e a sabedoria do livro de Tugwell.

[3] Albert NOLAN. *Jesus before Christianity*. Maryknoll: Orbis Books, 1978, p. 56. Nolan apresenta um retrato de Jesus antes de ser colocado no relicário das doutrinas, do dogma e do ritual. Um livrinho valioso e cativante.

"Não temais, ó pequenino rebanho; porque vosso Pai se agradou em dar-vos o seu reino" (Lc 12:32).

Jesus concedia a esses desdenhados pequeninos um lugar privilegiado no reino e apresentava-os como modelos a seus candidatos a discípulos. Eles deveriam aceitar o reino do mesmo modo que uma criança aceita sua mesada. Se as crianças eram privilegiadas, não era porque haviam feito de modo a merecer privilégio, mas simplesmente porque Deus agradou-se desses pequeninos que os adultos desprezavam. A misericórdia de Jesus fluía em direção a eles apenas por graça imerecida e divina preferência.

O hino de júbilo registrado em Lucas remete ao mesmo tema: "Graças te dou, ó Pai, Senhor do céu e da terra, porque ocultaste estas coisas aos sábios e instruídos, e as revelaste aos pequeninos. Sim, ó Pai, porque assim foi do teu agrado".

Os escribas eram tratados com deferência excessiva na sociedade judaica devido a sua instrução e conhecimento. Todos os honravam por causa de sua sabedoria e inteligência. Os "pequeninos" (grego *napioi*, que significa criança de colo) eram a figura usada por Jesus para referir-se aos ignorantes e sem instrução.[4] Ele está dizendo que o evangelho da graça foi revelado e apreendido pelos incultos e ignorantes em vez dos sábios e inteligentes. Por essa razão Jesus dá graças a Deus.

Os bebês de colo (*napioi*) estão na mesma condição das crianças (*paidia*). A graça de Deus recai sobre elas porque são criaturas insignificantes, não por causa de suas boas qualidades. Embora possam conscientizar-se de sua irrelevância, isso não significa que lhes serão concedidas revelações. Jesus atribui expressamente a felicidade deles ao bom prazer do Pai, a *eudokia* divina. As dádivas não são determinadas pela menor qualidade ou virtude pessoal.

---

[4] Id. Ibid., p. 23.

São pura liberalidade. De uma vez por todas, Jesus desfere um golpe mortal em qualquer distinção entre a elite e o povo comum na comunidade cristã.

Uma luz adicional é lançada sobre o evangelho maltrapilho pelo privilégio do pecador. Como já mencionei, Jesus está sentado à mesa na casa de Levi. Os escribas e fariseus apoquentam-no por associar-se a maltrapilhos. Jesus diz a eles: "Vim chamar os pecadores, não os justos".

Os pecadores aos quais Jesus direcionou o seu ministério messiânico não eram aqueles que escapam das devocionais matinais ou faltam à igreja no domingo. Seu ministério era com aqueles que a sociedade considerava pecadores *de verdade*. Eles não tinham feito coisa alguma para merecer a salvação, ainda assim abriam o coração para a dádiva oferecida a eles. Por outro lado, os fariseus colocavam sua confiança nas obras da Lei e fechavam-se para a mensagem da graça.

Mas a salvação que Jesus trazia não podia ser conquistada com esforço. Não teria como haver qualquer barganha com Deus numa atmosfera mesquinha de mesa de pôquer: "Eu fiz isso, agora você me faz aquilo". Jesus destrói por completo a noção jurídica de que nossas obras merecem qualquer pagamento em troca. Nossas insignificantes obras não nos dão o direito de regatear com Deus. Tudo depende do seu bom prazer.

Lembro-me de uma carta enviada muitos anos atrás ao editor de uma revista nacional evangélica por um sacerdote católico envolvido ativamente no ministério evangelístico. Ele protestava veementemente contra a foto e a reportagem de capa sobre Francis MacNutt, também um sacerdote católico com um ministério de cura ao redor do mundo. MacNutt havia se casado recentemente. A carta exigia saber por que um artigo anterior a respeito dele (o autor da carta) havia sido relegado ao final da revista, e sem uma fotografia. Ele havia permanecido celibatário ao longo de todos esses anos e havia recebido tratamento de segunda classe, enquanto a MacNutt, que havia desobedecido ao papa e abandonado a batina, havia-se atribuído *status* de superastro. O autor da carta considerava a coisa toda grosseiramente injusta.

Minha esposa, Roslyn, leu essa carta e observou: "Ecos do irmão mais velho do filho pródigo".

Entretanto, esse definido desconforto diante do evangelho maltrapilho não está confinado a uma única tradição cristã. Dentro de toda denominação e persuasão não denominacional os cristãos estão tentando conquistar o favor de Deus mergulhando num maior número de atividades espirituais, multiplicando altares e sacrifícios, fazendo contribuições de caridade, dilatando o tempo de oração formal e envolvendo-se num maior número de organizações relacionadas à igreja.

É necessário um cuidadoso discernimento aqui. A evidência em favor de disposição, sinceridade e esforço é considerável. O modo de vida cristão é pio, adequado e correto. O que então está faltando?

Ele ou ela não se renderam ainda à graça de Cristo.

O perigo em nossas boas obras, investimentos espirituais e em todo o resto é de que podemos construir uma imagem de nós mesmos em que acabamos estabelecendo o nosso valor próprio. A complacência conosco substitui então o puro deleite do amor incondicional de Deus. Nosso esforço transforma-se na ruína do evangelho maltrapilho.

Em lugar algum do Novo Testamento a posição privilegiada dos fracassados, dos zés-ninguém e dos desclassificados à margem da sociedade é revelada de forma mais dramática do que no ministério de Jesus de compartilhar refeições com eles.

Hoje em dia é praticamente impossível avaliarmos o escândalo representado pela comunhão de Jesus à mesa com pecadores.

"No ano de 1925, se um abastado fazendeiro de Atlanta estendesse um convite formal para que quatro escravos negros colhedores de algodão comparecessem a sua mansão para um jantar de domingo, precedido por coquetéis e seguido por longas horas de conversa regada a conhaque, a aristocracia da Georgia ficaria profundamente chocada, o estado vizinho de Alabama ficaria furioso e a Ku Klux Klan exasperada. Há sessenta ou setenta anos no sul dos Estados Unidos, o sistema de castas era inviolável, a discriminação social e racial inflexível e a indiscrição tornava a perda de reputação inevitável".[5]

No judaísmo da Palestina do primeiro século o sistema de classes era colocado em vigor à risca. Era legalmente proibido misturar-se com pecadores à margem da lei: sentar-se à mesa com mendigos, cobradores de impostos (traidores da causa nacional, porque coletavam impostos do seu próprio povo *para* Roma, a fim de ganharem uma comissão) e prostitutas era tabu religioso, social e cultural.

Infelizmente, o significado do compartilhar de refeições está em grande parte perdido na comunidade cristã dos nossos dias. No Oriente Médio, compartilhar de uma refeição com alguém é uma garantia de paz, confiança, fraternidade e perdão: a mesa compartilhada representa a vida compartilhada. Para um judeu ortodoxo, dizer "gostaria de jantar com você" é uma metáfora que implica "gostaria de iniciar uma amizade com você". Até mesmo hoje, um judeu americano compartilhará sem problemas com você de um café com rosquinhas, mas estender um convite para jantar equivale a dizer: "Venha para meu *mikdash me-at*, o santuário em miniatura da mesa da minha sala de jantar, onde celebraremos a mais sagrada e bela experiência que a vida proporciona — a amizade". Foi isso o

---

[5] Brennan MANNING. *A stranger to self-hatred*. Denville: Dimension Books, 1983, p. 47.

que Zaqueu ouviu quando Jesus chamou-o a descer do sicômoro, e é por isso que as companhias com que Jesus compartilhava as suas refeições provocaram comentários hostis desde o primeiro momento do seu ministério.

Não escapou à atenção dos fariseus a intenção de Jesus de manter amizade com a ralé. Ele não estava apenas violando a lei, estava destruindo a própria estrutura da sociedade judaica. "Todos os que viram isto murmuravam, dizendo que ele se hospedara com homem pecador" (Lc 19:7). Mas Zaqueu, não tão preocupado com a respeitabilidade, transbordou de alegria.

"Seria impossível subestimar o impacto que essas refeições devem ter tido sobre os pobres e os pecadores. Aceitando-os como amigos e como iguais Jesus havia removido a vergonha, a humilhação e a culpa deles. Ao demonstrar que eles importavam para ele como pessoas, ele concedeu a eles um senso de dignidade e libertou-os do seu antigo cativeiro. O contato físico que ele deve ter tido com eles à mesa (Jo 13:25) e que ele obviamente nunca sonharia em condenar (Lc 7:38,39) deve tê-los feito sentirem-se limpos e respeitáveis. Além disso, porque Jesus era visto como um homem de Deus e como profeta, eles teriam interpretado o seu gesto de amizade como a aprovação de Deus sobre eles. Agora, eram aceitáveis diante de Deus. Sua pecaminosidade, ignorância e impureza haviam sido deixadas de lado e não eram mais levadas em conta contra eles".[6]

Por meio da comunhão à mesa Jesus ritualmente traduziu em ação a sua percepção do amor indiscriminado do Abba — um amor que leva seu Sol a erguer-se sobre tanto maus quanto bons, e sua chuva a cair sem distinção sobre honestos e desonestos (Mt 5:45). A inclusão de pecadores na comunidade da salvação, simbolizada

---

[6] NOLAN. Op. cit., p. 39.

na comunhão à mesa, é a expressão mais dramática do evangelho maltrapilho e do amor misericordioso do Deus redentor.

Uma pesquisa bíblica meticulosa indica que Jesus tinha residência em Cafarnaum, ou que pelo menos compartilhava de uma com Pedro, André e suas famílias. Sem dúvida, em seu ministério como evangelista itinerante, Jesus com frequência dormiu à beira da estrada ou na casa de amigos. "O Filho do Homem não tem onde reclinar a cabeça" (Mt 8:20). Talvez tenhamos, no entanto, tomado essa declaração de modo literal demais. "Fica difícil entender de que forma Jesus podia ser acusado de receber pecadores (Lc 15:2) se ele não tinha alguma espécie de casa onde fazê-lo".[7]

Como voltava para casa de suas viagens missionárias, Jesus provavelmente tinha alguma espécie de residência semipermanente onde agia com frequência como anfitrião. O compartilhar de refeições ocorria com tamanha regularidade que Jesus era acusado de ser beberrão e glutão (Lc 7:34). A lista de convidados incluía um desfile mulambento de vendedores ignorantes, prostitutas, guardadores de gado, senhores de cortiço e jogadores.

Hoje em dia, aqueles que buscam *status* são muito seletivos quanto aos que convidam para jantar, e entregam-se a elaborados preparativos (linho, porcelana, prata, flores, um requintado *Beaujolais*, molho de trufas, pato de Long Island flambado com framboesa, *petit gateau* por sobremesa e assim por diante) a fim de impressionarem as pessoas com quem querem ter um bom relacionamento. Eles aguardam ansiosamente o correio da manhã para verem se seu convite para jantar foi retribuído.

De forma consciente ou não, os impertinentes sociais de nossos dias não subestimam o poder ritual da refeição compartilhada. Os convidados pecadores de Jesus estavam muito conscientes de que a comunhão à mesa envolvia mais do que mera polidez ou

[7] NOLAN. Op. cit., p. 56.

cortesia. Ela significava paz, aceitação, reconciliação e irmandade. "Para Jesus, essa comunhão à mesa com aqueles que os devotos haviam descartado não era meramente expressão de uma tolerância liberal e de um sentimento humanitário. Era a expressão de sua missão e de sua mensagem: paz e reconciliação para todos, sem exceção, até mesmo para os fracassados morais".[8]

O retrato de Jesus traçado pelos evangelhos é de alguém que abraçava a vida e especialmente as outras pessoas como dádivas amorosas das mãos do Pai. As figuras periféricas com quem Jesus se deparava no seu ministério reagiam de diversas formas a sua pessoa e sua mensagem, porém poucos respondiam com melancolia ou tristeza (e esses eram os, como o jovem rico, que rejeitavam a sua mensagem). A presença viva de Jesus despertava alegria e libertava as pessoas. A alegria era, na verdade, o resultado mais característico de todo o seu ministério junto aos maltrapilhos.

"Ora, os discípulos de João e os fariseus estavam jejuando. Vieram alguns e lhe perguntaram: Por que motivo jejuam os discípulos de João e os dos fariseus, mas os teus discípulos não jejuam? Respondeu-lhes Jesus: Podem, porventura, jejuar os convidados para o casamento, enquanto o noivo está com eles? Durante o tempo em que estiver presente o noivo, não podem jejuar (Mc 2:18,19).

Jesus se banqueteava enquanto João jejuava. Enquanto o chamado de João à conversão estava essencialmente ligado a práticas penitenciais, o chamado de Jesus está fundamentalmente associado a ser companheiro de mesa, a comer e beber com Jesus, em quem a atitude misericordiosa de Deus para com os pecadores é manifestada. Partir o pão com Jesus era uma celebração festiva de bom companheirismo na qual havia salvação. O ascetismo não era apenas impróprio mas impensável na presença do Noivo.

---

[8] Edward SCHILLEBEECKX. *Jesus: an experiment in Christology*. Nova York: Seabury Press, 1976, p. 165.

Essa passagem notável ilumina o encanto extraordinário projetado pelo Carpinteiro-Messias. Os maltrapilhos descobriam que compartilhar de uma refeição com ele era uma experiência liberadora de puro júbilo. Ele os libertava da autodepreciação, exortava-os a não confundirem sua percepção de si mesmos com o mistério que de fato eram, dava-lhes o que precisavam mais do que qualquer coisa — encorajamento para a vida — e distribuía palavras reconfortantes como: "Não vivam sob o domínio do medo, pequeno rebanho; não temam; o medo é inútil, necessária é a confiança; não se preocupem; animem-se — seus pecados são perdoados". Não é de admirar que o evangelista Marcos tenha preservado essa lembrança de Jesus com extremo cuidado.

A alegria contagiante de Jesus (apenas aqueles que a têm podem passá-la adiante) alastrava-se para os seus seguidores e libertava-os. O autor de Hebreus diz: "Jesus Cristo, ontem e hoje, é o mesmo e o será para sempre" (13:8). Se Jesus aparecesse em sua mesa de jantar esta noite com o conhecimento de tudo que você é e não é, com plena consciência da história da sua vida e de todo esqueleto escondido no armário; se ele traçasse o estado real do seu presente discipulado ao lado da agenda oculta, das motivações contraditórias e dos desejos sombrios enterrados na sua psique, você sentiria a aceitação e o perdão dele. Pois "experimentar o amor de Deus em Jesus Cristo significa experimentar ser de forma imerecida aceito, aprovado e infinitamente amado; que podemos e devemos aceitar a nós mesmos e a nosso próximo. A salvação é alegria em Deus que se expressa na alegria no e com o próximo".[9]

Portanto, é inconcebível imaginar um Jesus de cara fechada, austero, sombrio e censurador, que se reclinava à mesa com os

---

[9] Walter KASPER. *Jesus the Christ*. Nova York: Paulist Press, 1977, p. 86. Achei a prosa do autor pesada e o estilo untuoso, mas uma leitura cuidadosa trará ricas recompensas.

maltrapilhos. A personalidade humana de Jesus é subestimada quando vista como uma máscara passiva para discursos dramáticos da divindade. Essa timidez rouba Jesus de sua humanidade, encerra-o num molde de gesso e conclui que ele não dava risada, não chorava, não sorria nem se magoava — apenas passava pelo nosso mundo sem qualquer envolvimento emocional.

Marcos registra que um grupo de pais, que sentia obviamente algo do amor de Deus em Jesus, queria que ele abençoasse seus pequeninos. Os discípulos, irritados, fatigados pelos longos dias de jornada a pé de Cafarnaum ao distrito da Judeia e à extremidade sul do Jordão, tentaram enxotar as crianças. Jesus ficou visivelmente transtornado e silenciou os Doze com um olhar constrangedor. Marcos registra cuidadosamente que Jesus pegou as crianças *uma a uma* e deu a elas a sua bênção.

Meu amigo Robert Frost comenta:

> Fico muito feliz que Jesus não sugeriu que eles ajuntassem todas as crianças para uma espécie de benção grupal, porque estava cansado. Em vez disso, ele dispôs de tempo para tomar cada criança junto do seu coração e orar diligentemente por todas... depois do que elas saíram jubilosamente em disparada para dormir. Vem à lembrança uma bela passagem messiânica dos profetas: "Como pastor, apascentará o seu rebanho; entre os seus braços recolherá os cordeirinhos e os levará no seio; as que amamentam ele guiará mansamente" (Is 40:11). Penso haver aqui uma lição para todos que buscam estabelecer uma espécie de falso requisito para *aqueles que merecem ser recipientes da graça de Deus. Ele abençoou a todas.*[10]

---

[10] Robert C. Frost. *Our heavenly Father*. Plainfield: Logos International, 1978, p. 44. De maneira verossímil e imaginativa, Frost reconstrói a vida oculta de Jesus antes de dar início a seu ministério público. Recomendado para estudo bíblico e pequenos grupos de discussão.

Uma breve digressão: há nas crianças uma assombrosa abertura a novas ideias e um desejo insaciável de aprender com a vida. Uma postura aberta é como uma porta aberta — uma disposição receptiva para aqueles que batem à porta no meio do dia, no meio da semana, no meio de uma vida. Alguns desses são sugismundos, deselegantes, desgrenhados e desalinhados. O adulto sofisticado em mim estremece e reluta em oferecer-lhes hospitalidade. Eles podem muito bem estar carregando preciosas dádivas sob seus trapos surrados, mas prefiro ainda assim cristãos bem barbeados e impecavelmente trajados, de *pedigree* assegurado, que aceitam a minha visão, ecoam os meus pensamentos, dão-me tapinhas nas costas e fazem com que eu me sinta bem. Mas minha criança interior protesta: "Eu quero amigos novos, não espelhos velhos!"

Quando nossa criança interior não é cultivada e nutrida, a mente fecha-se gradualmente a novas ideias, a compromissos não lucrativos e às surpresas do Espírito. A fé evangélica é trocada por uma piedade aconchegante e confortável. A ausência de vigor e a falta de disposição em arriscar distorcem Deus à forma de um guarda-livros, e o evangelho da graça é trocado pela segurança do cativeiro religioso. "Se não vos tornardes como crianças"... O céu estará repleto de gente com cinco anos de idade.

Escreve Burkhardt: "Temo pelo advogado cuja única vida é o imposto corporativo, pelo médico cuja existência inteira é a próstata de outra pessoa, pelo executivo cuja única responsabilidade é perante seus acionistas, pelo atleta que aposta tudo num único alvo, o teólogo que pensa que o mundo pode ser salvo pela teologia... Uma mente fechada mata casamentos e relações humanas; amortece sentimentos e sensibilidades; cria uma igreja que vive em mil e um túneis, sem nenhuma comunicação e sem saída".[11]

---

[11] Walter J. BURGHARDT. Op. cit., p. 144.

Se mantemos a mente aberta como a de uma criança, desafiamos ideias estabelecidas e estruturas rígidas, incluindo as nossas. Ouvimos pessoas de outras denominações e religiões. Não encontramos demônios naqueles de quem discordamos. Não nos aconchegamos a gente que balbucia nosso jargão. Se somos abertos, raramente recorremos ao *ou isso ou aquilo*: ou criação ou evolução, ou a liberdade ou a lei, ou o sagrado ou o secular, ou Beethoven ou Madonna. Permanecemos focalizados em *ambos* e em *e*, plenamente conscientes de que a verdade de Deus não pode ser aprisionada numa definição pequena. É claro que a mente aberta não aceita tudo indiscriminadamente — marxismo e capitalismo, cristianismo e ateísmo, amor e luxúria, Moët Chandon e vinagre. Ela não absorve todas as proposições igualmente, como uma esponja, nem é molenga como uma. A mente aberta, porém, percebe que a realidade, a verdade e Jesus Cristo são inacreditavelmente sem limitações (digressão encerrada).

O espírito maltrapilho de Jesus vem por vezes à tona nos cenários mais improváveis e está com frequência totalmente ausente em lugares onde seria mais esperado encontrá-lo. Permita-me encerrar este capítulo com a história de duas comunidades — ambas muito próximas do meu coração: uma envolve os alcoólicos, a outra diz respeito a Roslyn.

Numa abafada noite de verão em Nova Orleans, dezesseis alcoólicos e viciados em drogas estão reunidos para sua reunião semanal dos AA. Embora diversos membros participem também de outras reuniões durante a semana, esse é o seu grupo base. Eles têm se reunido nas noites de terça-feira por vários anos e conhecem bem uns aos outros. Alguns conversam diariamente ao telefone, outros socializam-se fora das reuniões. O investimento que fizeram na sobriedade uns dos outros é considerável. Ninguém mais engana ninguém. Cada um está ali porque fez da sua vida

uma massa informe e está tentando juntar novamente os pedaços. Cada reunião é marcada tanto por bom humor quanto por
seriedade. Alguns membros são ricos, outros de classe média ou
pobres. Alguns fumam, outros não. A maioria toma café. Alguns
têm diploma universitário, outros não terminaram o ensino médio.
Por uma curta hora os grandes e poderosos descem e os pequenos
ascendem. O resultado é fraternidade.

A reunião abriu com a Oração da Serenidade seguida por um
momento de silêncio. Harry leu o prólogo dos Alcoólicos Anônimos
do Grande Livro, seguido por Michelle, que leu os Doze Passos do
programa. Naquela noite Jack era o líder designado.

— O tema sobre o qual eu gostaria de conversar esta noite é
gratidão — começou ele —, mas se alguém quer falar de outra
coisa, vamos ouvir.

Imediatamente a mão de Phil lançou-se para cima.

— Como vocês sabem, semana passada fui à Pensilvânia para
visitar a família e perdi a reunião. Vocês também sabem que estive
sóbrio por sete anos. Segunda-feira passada me embebedei e fiquei
bêbado por cinco dias.

O único som na sala era o pingar da cafeteira no canto.

— Vocês todos conhecem a palavra-chave deste programa,
F.I.S.C. — ele prosseguiu. — Não se permita ficar faminto, irritado,
solitário ou cansado, ou estará vulnerável ao primeiro *drink*. Pois
os três últimos me pegaram. Eu destampei a garrafa e...

A voz de Phil embargou e ele baixou a cabeça. Olhei ao redor
da mesa. Olhos lacrimejantes, lágrimas de compaixão, um soluçar
baixinho — o único ruído na sala.

— A mesma coisa aconteceu comigo, Phil, mas eu fiquei bêbado
um ano.

— Graças a Deus você está de volta.

— Cara, você é muito corajoso.

— Uma recaída deve ser lida como um escape, Phil — disse um assistente social. — Vamos nos reunir amanhã para descobrir do que você precisava escapar e por quê.

— Estou orgulhoso de você.

— Ah! Eu nunca cheguei nem perto de sete anos.

No encerramento da reunião, Phil levantou-se. Ele sentiu uma mão no seu ombro, outra em seu rosto. Em seguida beijos nos seus olhos, testa, pescoço e face.

— Seu maltrapilho velho — disse Denise. — Venha, vou te pagar uma banana-split no Tastee-Freeze.

O segundo cenário aconteceu quando Roslyn estava fazendo um curso de graduação em educação religiosa na Universidade de Loyola em Nova Orleans no verão de 1981.

A dra. Meghan McKenna estava palestrando a respeito do pano de fundo neotestamentário no qual Jesus deu início a seu ministério. Os quatro grupos religiosos dominantes eram os fariseus, os saduceus, os zelotes e os essênios. Os fariseus separavam-se de todos que não eram fiéis à lei e à tradição, a fim de formar comunidades fechadas, o fiel remanescente de Israel. O nome "fariseus" significa "os separados", isto é, os santos, a verdadeira comunidade de Israel. Sua moralidade era legalista e burguesa, questão de recompensa e punição. Deus amava e recompensava os que guardavam a lei e odiava e punia aqueles que não guardavam.

A dra. McKenna expôs a posição dos saduceus, em sua maior parte conservadores e compostos em grande parte pela aristocracia abastada; os zelotes, que viam a submissão a Roma como infidelidade para com Deus; os essênios, que rejeitavam todos que não pertenciam a sua seita. Esses últimos separavam-se completamente da sociedade e viviam uma vida de ascetismo e celibato no deserto. Todos os de fora deviam ser odiados como filhos das trevas.

O amor e o respeito eram reservados para os membros do grupo deles — os filhos da luz.

Os "pecadores", McKenna prosseguiu, eram os marginalizados sociais. Qualquer um que por alguma razão se desviasse da lei e dos costumes da classe média (os instruídos e virtuosos, os escribas e fariseus) era tratado como inferior, como de classe baixa. Os pecadores eram um grupo social bem definido.

Ao término da palestra, a dra. McKenna sugeriu:

— Vamos fazer um pequeno exercício aqui mesmo na sala de aula. Todos que não fumam façam a gentileza de se levantarem e se posicionarem junto da parede à esquerda. Os que abandonaram o fumo fiquem no centro da sala. Aqueles que ainda fumam formem um grupo à direita.

Trinta daqueles profissionais nunca tinham fumado, doze haviam abandonado o fumo e três eram fumantes ativos.

— Naquele tempo — disse Roslyn — eu fazia parte desse último grupo. A sensação imediata de separação era evidente.

— Vamos discutir duas questões — disse McKenna. — Primeiro, como vocês se sentem a respeito das atuais regras para fumantes que se aplicam no *campus*, nos restaurantes, nos aeroportos, no mundo corporativo e assim por diante?

Todos os três grupos concordaram unanimemente que as normas eram boas, ecologicamente importantes e respeitavam a saúde e o bem-estar dos outros.

— A segunda pergunta: como vocês se sentem a respeito dos fumantes, num nível pessoal?

— Eles são repulsivos e sem consideração pelos outros — disse um não fumante.

— É óbvio que quem fuma tem uma autoestima baixa e uma autoimagem péssima — opinou outro.

— Eles não têm força de vontade.

— São péssimos exemplos para os adolescentes.

— Eu questiono seriamente a qualidade da fé dessas pessoas, e a profundidade do seu relacionamento com Cristo.

— Eles não percebem que estão envenenando a atmosfera?

Roslyn:

— Eu me encolhi contra a parede, sentindo-me como a mulher pega em adultério. O ambiente havia se tornado hostil tão rapidamente. Ao longo dos últimos quatro anos da faculdade eu havia orado, adorado, ido a piqueniques, participado de pausas para o café, estudado e conversado com aquelas pessoas. Eu nutria por eles um profundo sentimento de ligação, por causa da nossa vida e do nosso ministério compartilhados. Os que haviam abandonado o fumo foram muito mais compreensivos porque tinham passado pela experiência: o vício. Num primeiro momento, fiquei furiosa. Quando a ira finalmente baixou, fiquei com vontade de chorar. Nunca me senti tão sozinha. O sinal tocou e a aula foi encerrada. Saímos da sala em silêncio.

No dia seguinte a dra. McKenna, seguindo seu costume habitual, pediu que os alunos compartilhassem seus sentimentos e reações ao exercício do dia anterior.

— Ontem aprendi algo sobre mim mesma — disse a mulher que havia feito os comentários mais cáusticos e venenosos durante o exercício. — Preciso ter muito mais compaixão para com quem é diferente de mim.

— E você, Roslyn, como se sentiu ontem? — perguntou a professora.

— Quando estava contra a parede, cheguei a pensar seriamente que as pessoas do grupo 1 teriam atirado pedras em nós, se as estivessem à mão. Percebi como era difícil para mim olhar para elas e dizer: "Pai, perdoa-os, porque não sabem o que fazem".

O exercício da dra. Mckenna alcançou o seu propósito. As duras palavras de Jesus dirigidas aos fariseus estendem-se pelo curso dos anos. Hoje em dia elas não se aplicam apenas aos televangelistas que caíram, mas a cada um de nós. Distorcemos por inteiro o sentido do que Jesus disse quando usamos suas palavras como armas contra os outros. Elas devem ser assumidas pessoalmente por nós. Essa é a forma e o formato do farisaísmo cristão dos nossos dias. A hipocrisia não é privilégio de quem está por cima. O mais empobrecido entre nós tem potencial para ela. "A hipocrisia é a expressão natural do que é mais perverso em nós."[12]

O evangelho maltrapilho revela que Jesus perdoa pecados — incluindo pecados da carne; que ele sente-se à vontade na companhia de pecadores que se lembram de como mostrar compaixão, mas que não pode e não terá um relacionamento com os que são hipócritas no Espírito.

Talvez a verdadeira dicotomia dentro da comunidade cristã da atualidade não seja entre conservadores e liberais, ou entre criacionistas e evolucionistas, mas entre os despertos e os adormecidos. O maltrapilho cristão reconhece, junto com MacBeth: "A vida nada mais é do que um pobre ator que pavoneia e exaure sua hora sobre o palco e depois não é ouvido mais". Da mesma forma que todo homem inteligente sabe que é estúpido, o cristão desperto sabe que é maltrapilho.

Embora a verdade nem sempre seja humildade, a humildade é sempre verdade: o reconhecimento sem rodeios de que devo minha vida, meu ser e minha salvação a outro. Esse ato fundamental jaz no âmago de nossa reação à graça.

A beleza do evangelho maltrapilho está na percepção que ele oferece de Jesus: a ternura essencial do seu coração, de seu modo

---

[12] Gerald S. SLOYAN. *Jesus in focus: a life in its setting*. Mystic: Twenty-Third Publications, 1986, p. 38.

de ver o mundo e de seu modo de relacionar-se com você e comigo. "Se você quer de fato compreender um homem, não apenas ouça o que ele diz, mas observe o que ele faz".

_____

CAPÍTULO QUATRO

AURÉOLAS TORTAS

Um homem entrou no escritório do médico e disse:

— Doutor, tenho uma terrível dor de cabeça que nunca vai embora. O senhor poderia me receitar alguma coisa para ela?

— Sim — disse o médico, — mas quero checar algumas coisas antes. Diga, você bebe muita bebida alcoólica?

— Álcool? — disse o homem, indignado. — Nunca chego perto dessa porcaria.

— Fuma, então?

— Acho cigarro nojento. Nunca na minha vida provei um.

— Fico meio constrangido de perguntar isso, mas... sabe como alguns homens são... você vive aí pela noite?

— Claro que não! Quem o senhor acha que eu sou? Estou na cama toda noite antes das dez.

— Diga-me uma coisa — pediu o médico. — Essa sua dor de cabeça é de um tipo agudo e penetrante?

— Isso mesmo — disse-lhe: uma dor aguda e penetrante.

— Então é simples, meu caro. Seu problema é que a sua auréola está apertada demais. Só precisamos soltá-la um pouquinho.[1]

---

[1] Anthony de MELLO. *Taking flight: a book of story meditations*, p. 114-5.

O problema com nossos ideais é que, se vivermos de acordo com todos eles, nos tornamos pessoas com as quais é impossível se conviver.

A auréola torta do pecador salvo é vestida com folga e com graça fluente. Descobrimos que a cruz realizou muito mais do que revelar o amor de Deus. O sangue do Cordeiro aponta para a verdade da graça: o que não podemos fazer por nós mesmos Deus fez por nós. Na cruz, de alguma forma, de alguma maneira, Cristo levou sobre si nossos pecados, assumiu nosso lugar, morreu por nós. Na cruz, Jesus desmascara o pecador não apenas como *mendigo,* mas como *criminoso* diante de Deus. Jesus Cristo tomou sobre si nossos pecados e levou-os embora. Não somos capazes de lavar a mancha de nossos pecados, mas ele é o Cordeiro que tira os pecados do mundo.

O pecador salvo pela graça é assombrado pelo Calvário, pela cruz e especialmente pela pergunta: Por que ele morreu? Uma indicação vem do Evangelho de João 3:16: "Porque Deus amou ao mundo de tal maneira que deu o seu Filho unigênito, para que todo o que nele crê não pereça, mas tenha a vida eterna". Outra indicação da declaração de Paulo em Gálatas: "[ele] me amou e a si mesmo se entregou por mim". A resposta está no amor.

Mas a resposta parece muito fácil, muito pronta. Sim, Deus salvou-nos porque nos amou. Mas ele é Deus. Ele tem uma imaginação infinita. Ele não poderia ter sonhado uma redenção diferente? Não poderia Deus ter nos salvado com um sorriso, com um espasmo de fome, uma palavra de perdão, uma única gota de sangue? E se ele tinha de morrer, então pelo amor de Deus — pelo amor de Cristo — não poderia ter morrido no leito, morrido com dignidade? Por que foi condenado como um criminoso? Por que suas costas foram esfoladas pelos açoites? Por que sua cabeça foi coroada com espinhos? Por que ele foi pregado à madeira e deixado para morrer numa agonia lenta e pavorosa? Por que o seu último suspiro foi dado em meio à sangrenta desgraça, enquanto o mundo pelo qual ele se oferecia instigava os seus algozes com fúria selvagem, numa espécie de estupro grupal realizado por brutamontes no Central Park? Por que eles tinham de se dar bem?

Uma coisa nós sabemos — não somos capazes de entender o amor de Jesus Cristo. Ah! Nós vemos um filme e nos identificamos com aquilo que dois jovens suportam pelo amor romântico. Sabemos que, se necessário, se amássemos o bastante, colocaríamos a vida e a cautela de lado pela pessoa que amamos. Mas quando se trata do amor de Deus no corpo quebrantado e coberto de sangue de Jesus Cristo, ficamos inquietos e começamos a falar de teologia, justiça divina, da ira de Deus e da heresia do universalismo.

O pecador salvo está prostrado em adoração, perdido em assombro e louvor. Ele sabe que o arrependimento não é o que fazemos para obter o perdão; é o que fazemos porque fomos perdoados. Ele serve como expressão de gratidão em vez de esforço para obtenção do perdão. Portanto, a sequência: perdão primeiro e arrependimento depois (e não arrependimento primeiro, perdão depois) é crucial para a compreensão do evangelho da graça.

Muitos de nós, no entanto, não conhecem nosso Deus e não compreendem seu evangelho da graça. Para muitos, Deus está ali sentado como um Buda, impassivo, imóvel, inflexível como rocha. O Calvário, no entanto, fala mais alto do que qualquer livro de teologia: não conhecemos nosso Deus. Não apreendemos a verdade da primeira carta de João: "Nisto consiste o amor: não em que nós tenhamos amado a Deus, mas em que ele nos amou e enviou o seu Filho como propiciação pelos nossos pecados". A cruz revela a profundidade do amor do Pai por nós: "Ninguém tem maior amor do que este: de dar alguém a própria vida em favor dos seus amigos".

O discípulo que vive pela graça em vez da lei já experimentou uma conversão decisiva: *uma mudança de desconfiança para confiança.* A característica mais destacada de se viver pela graça é confiança na obra redentora de Jesus Cristo.

Crer profundamente, como Jesus cria, que Deus está presente e agindo na vida humana é compreender que sou o filho amado deste Pai e, portanto, *livre para confiar.* Isso faz uma diferença profunda no modo como me relaciono comigo mesmo e com os outros; faz uma enorme diferença no modo como vivo. Para confiar em Abba, na oração e na vida, é postar-se de pé em abertura infantil diante do mistério do amor e da aceitação da graça.[2]

Numa religião legalista, a tendência é desconfiar de Deus, desconfiar dos outros e, consequentemente, desconfiar de nós mesmos. Permita-me ir para o lado pessoal por alguns momentos. Você realmente acredita que o Pai de nosso Senhor e Salvador Jesus Cristo é gracioso e que ele se importa com você? Você realmente crê que ele está presente sempre, infalivelmente, como companheiro e como auxiliador? Você realmente crê que Deus é amor?

Ou você aprendeu a temer esse Pai amoroso e gracioso? "No amor", diz João, "não existe medo; antes, o perfeito amor lança fora o medo. Ora, o medo produz tormento; logo, aquele que teme não é aperfeiçoado no amor" (1Jo 4:18). Você aprendeu a pensar no Pai como juiz, espião, disciplinador, como aquele que castiga? Se você pensa desse modo, está errado.

O amor do Pai é revelado no amor do Filho. O Filho foi dado a nós para que pudéssemos abrir mão do medo. Não há medo no amor. O Pai enviou o Filho "para que tenham vida e a tenham em abundância" (Jo 10:10). O Filho não é então sinal insuperável do amor e da benevolência de Deus? Ele não veio para demonstrar o cuidado compassivo do Pai para conosco? ("Quem me vê a mim vê aquele que me enviou" [Jo 12:45].) Não é o caso que Deus seja

---

[2] Donald P. GRAY. *Jesus, the way to freedom*, p. 33.

justiça e que o Filho seja amor. O Pai é justiça *e* amor; o Filho é amor *e* justiça.

Abba não é nosso inimigo. Se achamos isso, estamos errados.

Abba não está decidido a nos provocar, tentar e testar. Se achamos isso, estamos errados.

Abba não dá preferência e não promove o sofrimento e a dor. Se achamos isso, estamos errados.

Jesus traz boas-novas a respeito do Pai, não más.

Precisamos de uma nova espécie de relacionamento com o Pai, um relacionamento que exclua o medo e a desconfiança e a ansiedade e a culpa, que nos permita sermos esperançosos e jubilosos, confiantes e compassivos. Temos de nos converter da má nova para a boa, de expectativa alguma para a expectativa de alguma coisa.[3] "O tempo está cumprido", Jesus disse, "e o reino de Deus está próximo; arrependei-vos e crede no evangelho" (Mc 1:15). Dê as costas aos pecados do ceticismo e do desespero, da desconfiança e do cinismo, da reclamação e da ansiedade.

O evangelho da graça nos chama a cantarmos a cada dia o mistério corriqueiro da intimidade com Deus em vez da busca por milagres e visões. Ele nos conclama a cantarmos as raízes espirituais de experiências corriqueiras como apaixonar-se, falar a verdade, criar um filho, dar uma aula, perdoar uns aos outros depois de nos ferirmos uns aos outros, permanecermos juntos nos momentos difíceis da vida, na surpresa e na sexualidade e no esplendor da existência.[4] Dos tais é o reino dos céus, e de tais mistérios caseiros consiste a religião genuína. A conversão da desconfiança para a confiança é uma busca confiante de significado espiritual na existência humana. A graça abunda e permeia as margens da experiência cotidiana.

---

[3] Id. Ibid., p. 19.
[4] Eugene KENNEDY. *The choice to be human.* Nova York: Doubleday, 1985, p. 128.

Confiança define o que é viver pela graça em vez de pelas obras. Confiança é como subir uma escada de quinze metros, chegar ao topo e ouvir alguém lá embaixo dizer: "Pule". O discípulo que confia tem essa confiança infantil num Deus amoroso. A confiança com efeito diz: "Abba, com base apenas no que me mostraste em teu Filho, Jesus, creio que me amas. Tu tens me perdoado. Tu me abraçarás e não me abandonarás. Confio, portanto, minha vida a ti".

Donald McCullough coloca a coisa da seguinte forma:

> A graça quer dizer que no meio da nossa peleja o árbitro apita anunciando o término da partida. Somos declarados vencedores e mandados para o chuveiro. Encerrados estão todos os esforços para obter-se o favor de Deus; cancelado está todo o suado empenho para garantir valor próprio; chegou ao fim toda a pressa competitiva de chegar na frente dos outros. A graça quer dizer que Deus está do nosso lado e que somos, portanto, vitoriosos, independentemente do nosso desempenho no jogo. Podemos partir tranquilamente para o chuveiro e para a celebração com *champagne*.[5]

O evangelho declara que, não importa quão dedicados e devotos sejamos, não somos capazes de salvar a nós mesmos. O que Jesus fez foi suficiente. À medida que nos mantemos santos pelos nossos próprios esforços como os fariseus ou neutros como Pilatos (não chegando jamais a dar o salto de confiança), deixamos que as prostitutas e os publicanos entrem primeiro no reino enquanto nós, como na figura inesquecível de Flannery O'Connor, ficamos atrás

---

[5] Donald W. McCullough. *Waking from the American dream*. Downers Grove: InterVarsity, 1988, p. 116. O espírito desse livro permeia as páginas do meu, especialmente o capítulo "A diferença que uma sexta-feira faz". Devo muito ao dr. McCullough e entendo por que Richard Halverson, capelão do senado americano, escreveu: "Este livro é leitura obrigatória para todos os que levam Cristo a sério".

tendo nossas supostas virtudes dissipadas de nós. As meretrizes e os vigaristas entram antes de nós porque sabem que não podem salvar a si mesmos; que não têm como tornarem-se apresentáveis ou amáveis. Eles arriscaram tudo em Jesus; sabendo que estavam muito aquém dos requisitos, não foram orgulhosos demais para aceitar a esmola da graça admirável.

Talvez esteja aqui o coração da nossa neura, a raiz do nosso dilema. Oscilamos entre punir a nós mesmos e congratular a nós mesmos porque estamos iludidos de que podemos salvar a nós mesmos. Desenvolvemos um falso senso de segurança a partir das nossas boas obras e da nossa escrupulosa observância da lei. Nossa auréola fica apertada demais e resulta numa cuidadosamente disfarçada atitude de superioridade moral. Ou então ficamos horrorizados diante da nossa inconsistência, devastados por não termos vivido à altura das nossas grandiosas expectativas a nosso próprio respeito. A montanha-russa de euforia e depressão permanece.

Por quê?

Porque nunca assumimos a nossa condição de nada diante de Deus e, consequentemente, nunca adentramos a realidade mais profunda de nosso relacionamento com ele. Quando, porém, aceitamos a posse de nossa impotência e nosso desamparo, quando reconhecemos que somos miseráveis à porta da misericórdia de Deus, então Deus pode fazer algo belo de nós.

Essa pobreza de espírito é a segunda grande característica dos pecadores salvos de auréolas apertadas que vivem pela graça. Como é de fato a pessoa canonizada pela primeira bem-aventurança de Jesus ("Bem-aventurados os pobres de espírito")?

Uma história: há muitos anos, no encerramento de uma conferência de avivamento paroquial em Algiers, Louisiana, um homem de cerca de quarenta anos veio até mim do lado de fora da igreja, balbuciou "Tenho orado sobre isso", colocou um envelope no meu bolso e afastou-se depressa. Eu estava atrasado para a recepção no salão paroquial, por isso corri até lá para conversar com o pessoal, esquecendo por completo o envelope. Mais tarde naquela noite, quando me preparava para dormir, esvaziei os bolsos, abri o envelope e um cheque de seis mil dólares caiu no chão.

Antes daquele avivamento, eu havia vivido por alguns dias num depósito de lixo em Juarez, no México, onde criancinhas, homens e mulheres de idade literalmente catavam comida de um monte de refugo de mais de nove metros de altura. Diversas crianças morriam semanalmente devido à subnutrição e à água poluída. Mandei o cheque de seis mil dólares para um homem com dez filhos, três dos quais já haviam morrido como resultado da opressiva pobreza e das miseráveis condições de vida. Sabe o que o homem fez depois de receber o cheque? Ele escreveu-me nove cartas em dois dias — cartas que transbordavam de gratidão e descreviam em detalhe como ele estava usando o dinheiro para ajudar sua própria família e outros vizinhos do depósito de lixo. Isso deu-me um belo vislumbre de como de fato é uma pessoa pobre.

Ao receber um presente, a pessoa primeiro experimenta, e em seguida expressa gratidão genuína. Como não possui coisa alguma, é capaz de valorizar o menor presente. A mim foi dada a inteiramente imerecida dádiva da salvação em Jesus Cristo. Não por mérito meu, foi-me concedido um convite genuíno para beber vinho novo eternamente no banquete de casamento no reino de Deus (a propósito, para um alcoólico em recuperação, isso é de fato o paraíso).

Mas às vezes fico tão envolvido comigo mesmo que começo a exigir coisas que penso que mereço, ou passo a aceitar como coisa natural cada dádiva que chega até mim. Um exemplo clássico: um homem no restaurante pede salada de siri; por engano, a garçonete traz salada de camarão; furioso, o homem brada: "Onde diabos está a minha salada de siri?". De algum modo, a vida deve a ele uma salada de siri. Ele não apenas não dá valor à salada de camarão, mas também a inúmeras outras dádivas — a vida, a fé, a família, os amigos, os talentos.

Quanto mais crescemos no Espírito de Jesus Cristo, mais pobres nos tornamos — e mais percebemos que tudo nesta vida é um presente. A tonalidade fundamental da nossa vida passa a ser ação de graças humilde e jubilosa. A consciência da nossa pobreza e de nossa inépcia leva-nos a regozijar-nos na dádiva de termos sido chamados das trevas para a maravilhosa luz e transportados ao reino do Filho amado de Deus. O homem ou a mulher pobres escrevem ao Senhor nove cartas que dizem: "Bom é".

Numa conversa, o discípulo que é verdadeiramente pobre no espírito sempre deixa a outra pessoa com a sensação de que a vida do discípulo foi enriquecida por ter conversado com ela. Não se trata de falsa modéstia nem de humildade fingida. A vida dele ou dela foi de fato agraciada e enriquecida. Ele não é apenas escapamento, sem abertura para entrada de fora. Ela não se impõe aos outros. Ele é um bom ouvinte porque sabe que tem muito a aprender dos outros. A pobreza espiritual dela a capacita a adentrar o mundo do outro mesmo quando não é capaz de identificar-se com esse mundo — por exemplo, o mundo das drogas, o universo *gay*. Os pobres de espírito são as menos condenatórias das pessoas; convivem bem com pecadores.

O homem ou mulher pobres do evangelho reconciliaram-se com sua existência falha. Estão conscientes de sua falta de inteireza, sua incompletude, o simples fato de que não apresentam de forma alguma os requisitos necessários. Embora não apresentem desculpa para o seu pecado, estão humildemente conscientes de que o pecado é precisamente o que os levou a se atirarem à mercê do Pai. Eles não fingem ser mais do que são: pecadores salvos pela graça.

A pessoa que é pobre no espírito percebe que não ama os outros tanto quanto desejaria o seu coração. Certa ocasião preguei uma série de seis conferências de avivamento consecutivas. A última foi em Downers Grove, Illinois, e na noite de encerramento eu estava exaurido. Mais de mil pessoas haviam comparecido. Quando começou a música recessional que anunciava a minha saída da igreja, fiquei debatendo internamente se meu corpo seria capaz de aguentar mais meia hora de despedidas e bênçãos no *hall* de entrada.

Uma alternativa atraente se ofereceu. Eu podia escapar para a sacristia, livrar-me das minhas vestes ministeriais, agarrar uma bebida gelada, correr para o meu quarto e desabar. O espírito está pronto, mas a carne é fraca. No final, acabei orando por um lampejo do Espírito Santo, optei em favor das despedidas no *hall*, fiz o melhor que pude e só fui cair na cama perto da meia-noite.

Na manhã seguinte, havia sobre a mesa do café uma nota endereçada a mim. "Caro Brennan, estive presente nas suas conferências de avivamento durante toda esta semana. Você é eloquente, brilhante, poético, sagaz, simpático e... cheio de si. Noite passada, quando você estava em pé no *hall* da paróquia ao fim do culto, onde estava o amor nos seus olhos, dirigido a cada um de nós em meio a sua glória? Por que você não abaixou--se e abraçou aquelas criancinhas? Por que você não beijou as senhoras idosas no rosto? Por que você não olhou para nós com o cerne do seu ser, profundidade diante de profundidade, amor diante de amor? Homem, você é cego!" A carta estava assinada: "Um espelho".

Obviamente essa pessoa precisava de algo que eu não podia dar. Dadas as circunstâncias, as expectativas dela podem ter sido excessivas. Todavia, mesmo quando não estou cansado, percebo que não amo tanto quanto poderia, deveria ou amaria. Com frequência me ocorre uma coisa ponderada para dizer a uma mulher numa sessão de aconselhamento vinte minutos depois que ela já foi embora.

Ouço o que a mulher diz e não o que ela quer dizer, e acabo oferecendo conselho de xamã para um não problema. Distraído por um telefonema perturbador, saio de casa para dar uma palestra aos presidiários da Penitenciária Estadual de Trenton e abro com a ultrajante saudação: "É muito bom ver tantos de vocês aqui".

E assim por diante. Frequentemente fora de foco, fora de controle, fora do que os irlandeses chamam de "forma ideal". Essa é parte da nossa pobreza como seres humanos. Quando temos auto-aceitação sem autointeresse, expressamos simplesmente a realidade. Ser humano é ser pobre. Nosso espírito empobrecido nos dá uma pausa antes de decidirmos tornarmo-nos tiranos conosco.[6]

Se você pedir a uma mulher biblicamente pobre que descreva a vida dela de oração, sua resposta será: "Na maior parte do tempo, minha oração consiste em experimentar a ausência de Deus enquanto espero por comunhão". Ela não é ricamente agraciada com experiências místicas. E isso é justo porque reflete a verdade da sua humanidade empobrecida.

Entretanto, a experiência da ausência não quer dizer a ausência da experiência. Por exemplo, o soldado em combate que, no fragor da batalha, vê de relance a foto de sua esposa presa no seu capacete, está mais presente para ela naquele momento na ausência dela do que o rifle que está presente nas suas mãos. Da mesma forma, o pobre em espírito percebe que a experiência religiosa e os "ápices" místicos não são o objetivo da oração autêntica; o objetivo é a comunhão com Deus.

---

6 Peter Van BREEMEN. *As bread that is broken*. Denville: Dimension Books, 1975, p. 196.

O cristão que é verdadeiramente pobre no espírito vai à adoração no domingo de manhã cantando: "Sou pobre mas fiz de mim o melhor que pude: sou teu, sou teu".

Um dos maiores luminares da história da oração, Teresa de Ávila, conta uma história em seu livro *O caminho da perfeição:*

> Conheci uma freira que só conseguia orar em voz alta (...) Ela veio até mim em grande angústia porque não sabia como praticar oração mental, meditação, oração contemplativa; não era capaz de introspecção, mas apenas de dizer orações em voz alta. Era uma mulher avançada em idade e que tinha vivido uma vida extremamente virtuosa e religiosa. Perguntei que orações ela costumava fazer, e pela sua resposta vi que, meramente repetindo o Pai Nosso vez após outra, ela estava experimentando a pura contemplação, e o Senhor a estava elevando para estar em união com ele. Louvei então ao Senhor e invejei sua oração em voz alta.

A oração do pobre em espírito pode ser uma única palavra: Abba. Ainda assim essa palavra pode representar interação dinâmica. Imagine uma criança pequena tentando ajudar o pai em algum trabalho doméstico, ou preparando um presente para sua mãe. A ajuda pode não ser nada além de ficar no caminho, e o presente pode ser completamente inútil, mas o amor por trás dele é simples e puro, e a resposta amorosa que ele evoca é virtualmente incontrolável. Estou convicto de que a coisa é assim entre nós e Abba. Nos níveis mais profundos e simples, tudo o que queremos é ver um ao outro felizes, ser agradados. Nosso desejo sincero conta muito mais que qualquer sucesso ou fracasso específico. Assim, quando tentamos orar e não conseguimos, ou quando falhamos numa tentativa sincera de demonstrar compaixão, Deus nos toca ternamente, retribuindo-nos.

Nesse sentido, não existe oração *ruim*. Uma terceira característica da turma da auréola torta é a honestidade. Devemos saber o
que somos. Como é difícil ser honesto, aceitar que sou inaceitável,
abrir mão da autojustificação, renunciar à pretensão de que minhas
orações, meu discernimento espiritual, meus dízimos e meus su-
cessos no ministério fizeram-me agradáveis para Deus. Nenhuma
beleza preexistente me faz atraente a seus olhos. Sou amável apenas
porque Deus me ama.

A honestidade é mercadoria tão preciosa que é raramente en-
contrada no mundo da igreja. A honestidade exige a sinceridade
de admitir os apegos e as dependências que controlam a nossa
atenção, dominam a nossa consciência e agem como falsos deuses. Posso ser tão viciado em vodka quanto em agradar os outros,
tanto em maconha quanto em ser amado, tanto em jogo quanto
em relacionamentos, tanto em futebol quanto em fofoca. Minha
dependência pode ser de comida, atuação, dinheiro, popularida-
de, poder, vingança, leitura, televisão, tabaco, peso ou sucesso.
Quando damos a qualquer coisa mais prioridade do que damos a
Deus, cometemos idolatria. Portanto, todos cometemos idolatria
incontáveis vezes ao dia.

Uma vez que aceitamos o evangelho da graça e buscamos nos
livrarmos dos mecanismos de defesa e dos subterfúgios, a honestidade torna-se ao mesmo tempo mais difícil e mais importante. Agora
a honestidade envolve a disposição de enfrentarmos a verdade
a respeito do que somos, não importando quão ameaçadoras ou
desagradáveis nossas percepções possam ser. Significa perseverar
conosco e com Deus, discernindo nossos truques mentais pela experiência de como eles nos derrotam, reconhecendo nossas fugas,
admitindo nossos lapsos, aprendendo de forma completa que não
somos capazes de lidar conosco. Esse resoluto autoconfronto requer

força e coragem. Não podemos usar o fracasso como desculpa para deixar de tentar.[7]

Sem honestidade pessoal posso com facilidade criar uma imagem bastante impressionante de mim mesmo. A complacência tomará então o lugar do deleite em Deus. Muitos de nós não querem a verdade a respeito de nós mesmos; preferimos ter nossa virtude reafirmada, como mostra a seguinte ilustração. Um dia um pregador disse a um amigo:

— Acabamos de ter o maior avivamento que nossa igreja experimentou em muitos anos.

— Quantos novos membros vocês acrescentaram ao rol?

— Nenhum. Perdemos quinhentos.[8]

Estar vivo é estar incompleto. E estar incompleto é carecer da graça. A honestidade nos mantém em contato com nossa carência e com a verdade de que somos pecadores salvos. Há uma belíssima transparência nos discípulos honestos que nunca usam uma máscara e não fingem ser nada além do que são.

Quando um homem ou mulher são verdadeiramente honestos (e não estão ainda apenas trabalhando nesse sentido), é virtualmente impossível insultá-los pessoalmente. Não resta nada ali para insultar. Aqueles de nós que estamos verdadeiramente prontos para o reino somos esse tipo de pessoas. Sua pobreza de espírito interior e sua rigorosa honestidade os libertaram. São gente que não tinha nada do que se orgulhar.

Houve a mulher pecadora do vilarejo que beijou os pés de Jesus. Houve liberdade em fazer aquilo. Desprezada como prostituta, ela

---

[7] Gerald G. MAY. *Addiction and grace*. San Francisco: Harper & Row, 1988, p. 166. Este livro amplia nossa compreensão sobre a dependência (que pode variar entre dependência da cocaína a dependência de uma ideia) e sobre o gentil intercurso da graça no processo de reaver nossa liberdade.

[8] DE MELLO. Op. cit., p. 74.

aceitou, diante do Senhor, a verdade da sua flagrante condição de nada. Ela não tinha coisa alguma a perder. Ela amou muito porque muito lhe havia sido perdoado.

O assim chamado Bom Ladrão era terrorista que reconhecia receber recompensa justa pelos seus crimes. Ele também não tinha nada do que se orgulhar.

O Bom Samaritano, escolhido como modelo da compaixão cristã, era desprezado como herege de miscigenada ascendência pagã e judaica. Ele já era tão impuro que, ao contrário do sacerdote e do levita que passaram de largo com suas auréolas apertadas, podia dar-se ao luxo de expressar o seu amor pelo homem ferido deixado ali para morrer.

Ser honestos conosco não nos torna inaceitáveis para Deus. A honestidade não nos distancia de Deus, mas nos leva de arrasto para ele — como nenhuma outra coisa consegue fazer — e nos deixa abertos de forma renovada para o fluir da graça. Embora Jesus chame cada um de nós para uma vida mais perfeita, não somos capazes de fazê-lo por nossos próprios esforços. Estar vivo é estar incompleto; estar incompleto é carecer da graça. É por meio da graça apenas que qualquer um de nós pode ousar esperar tornar-se mais como Cristo.

O pecador salvo de auréola torta foi convertido da desconfiança para a confiança, alcançou uma pobreza interna de espírito, e vive o melhor que pode em rigorosa honestidade para consigo mesmo, com os outros e com Deus.

A pergunta colocada pelo evangelho da graça é apenas esta: quem nos separará do amor de Cristo? Do que você tem medo?

Você tem medo que sua fraqueza possa separá-lo do amor de Cristo? Ela não pode.

Você tem medo que suas inadequações possam separá-lo do amor de Cristo? Elas não podem.

Você tem medo que sua pobreza interior possa separá-lo do amor de Cristo? Ela não pode.

Casamento difícil, solidão, ansiedade sobre o futuro dos filhos? Não podem.

Baixa autoestima? Não pode.

Dificuldade econômica, ódio racial, o crime nas ruas? Não podem.

Rejeição pelos queridos ou sofrimento pelos queridos? Não podem.

Perseguição pelas autoridades, ir para a cadeia? Não podem.

Guerra nuclear? Não pode.

Erros, medos, incertezas? Não podem.

O evangelho da graça clama: nada poderá jamais separar você do amor de Deus tornado visível em Cristo Jesus nosso Senhor.

Você deve estar convencido disso, deve confiar nisso e não deve jamais esquecer de lembrar disso. Todo o restante passa, mas o amor de Cristo é o mesmo ontem, hoje e eternamente. A fé se tornará visão, a esperança se tornará possessão, mas o amor de Jesus Cristo, que é mais forte do que a morte, permanece para sempre. No final, é a única coisa à qual você pode se apegar.

CAPÍTULO CINCO

BIGUÁS E GAIVOTAS

Muitos anos antes de sua morte, um notável rabino, Abraham Joshua Heschel, sofreu um ataque do coração quase fatal. Seu melhor amigo estava ao lado de seu leito. Heschel estava tão fraco que só conseguiu sussurrar:

— Sam, sou grato pela minha vida, por todos os momentos que vivi. Estou pronto para partir. Vi tantos milagres na minha vida.

O velho rabino ficou esgotado pelo seu esforço em falar. Depois de uma longa pausa ele disse:

— Sam, nunca na minha vida pedi a Deus sucesso, sabedoria, poder ou fama. Pedi assombro, e ele me concedeu.

Pedi assombro, e ele me concedeu. Um burguês sem imaginação irá cutucar o nariz diante de uma pintura de Claude Monet; uma pessoa cheia de assombro ficará ali em pé tentando segurar as lágrimas.

De modo geral, o mundo perdeu o senso de assombro. Crescemos. Já não perdemos o fôlego diante de um arco-íris ou do perfume de uma rosa, como acontecia antes. Ficamos maiores e todo o resto ficou menor, menos impressionante. Tornamo-nos apáticos, sofisticados e cheios da sabedoria do mundo. Não deslizamos mais os dedos sobre a água, não gritamos mais para as estrelas nem fazemos caretas para a lua. Água é H_2O, as estrelas foram classificadas e a lua não é feita de queijo. Graças à televisão via satélite e aos aviões a jato, podemos visitar lugares que no passado eram acessíveis apenas por Colombo, Balboa e outros exploradores intrépidos.

Houve um tempo, não muito distante, em que uma tempestade fazia um homem adulto estremecer e sentir-se pequeno. Deus, no entanto, está sendo deixado de lado pelo mundo da ciência. Quanto mais sabemos sobre meteorologia menos inclinados nos tornamos a orar durante uma tempestade. Os aviões voam agora acima, abaixo e entre elas. Os satélites reduzem-nas a fotografias. Que ignomínia — se é que uma tempestade pode experimentar a ignomínia — reduzida de teofania a mero incômodo.

Heschel diz que hoje cremos que todos os mistérios podem ser resolvidos, e que todo o assombro não passa do "efeito que o novo imprime sobre a ignorância". Certamente o novo é capaz de nos impressionar: um ônibus espacial, o jogo mais recente de computador, a fralda mais macia. Até amanhã, até que o novo se torne velho, até que a maravilha de ontem seja descartada ou tomada como coisa certa. Não é de admirar que o rabino Heschel tenha concluído: "À medida que a civilização avança, o senso de assombro declina".

Ficamos tão preocupados conosco, com as palavras que falamos e com os planos e projetos que concebemos, que nos tornamos imunes à glória da criação. Mal notamos a nuvem que passa sobre a lua ou as gotas de orvalho nas folhas da roseira. O gelo cobrindo o lago vem e vai. As amoras silvestres amadurecem e murcham. A graúna faz seu ninho do lado de fora da nossa janela e não a vemos. Evitamos o frio e o calor. Refrigeramos a nós mesmos no verão e sepultamo-nos debaixo de plástico no inverno. Rastelamos cada folha assim que ela cai. Estamos tão acostumados a comprar carne, aves e peixe preembalados no supermercado que nunca paramos para pensar sobre a liberalidade da criação de Deus. Tornamo-nos complacentes, vivendo vida prática. Perdemos a experiência do assombro, da reverência e da maravilha.[1]

Nosso mundo é saturado com graça, e a presença furtiva de Deus é revelada não apenas no espírito, mas na matéria — num gamo que atravessa aos saltos uma campina, no voo de uma águia, no fogo e na água, num arco-íris após uma tempestade, numa corsa gentil correndo pela floresta, na nona sinfonia de Beethoven, numa criança lambendo um sorvete de chocolate, no cabelo ao vento de uma mulher. Deus queria que descobríssemos sua presença amorosa no mundo ao nosso redor.

Por muitos séculos a Igreja Celta da Irlanda foi poupada do dualismo grego entre matéria e espírito. Eles olhavam o mundo com a visão límpida da fé. Quando um jovem monge celta via seu gato apanhando um salmão que nadava em água rasa ele exclamava: "O poder do Senhor está na pata do gato". As crônicas celtas contam dos errantes monges marinheiros do Atlântico, que viam os anjos de Deus e ouviam a canção que entoavam enquanto erguiam-se e mergulhavam acima das ilhas ocidentais. Para a pessoa científica tratavam-se meramente de gaivotas, pelicanos, papagaios-do-mar, cormorões e gaivotas-tridáctilas. Os monges, porém, viviam num mundo em que para eles tudo era uma palavra de Deus, no qual o amor divino era manifesto a qualquer um com a menor capacidade criativa. De que outra forma, pensavam eles, Deus falaria com eles? Abraçavam as Escrituras mas abraçavam também a revelação em andamento de Deus em seu mundo de graça. "A natureza irrompe pelos olhos de um gato", diziam eles.[2] Para os olhos da fé, cada coisa criada manifesta a graça e a providência de Abba.

---

[1] Joan PULS. A *spirituality of compassion*. Mystic: Twenty-Third Publications, 1988, p. 119-20.
[2] Sean CAULFIELD. *The God of ordinary people*. Kansas City: Sheed and Ward, 1988, p. 50.

Com tanta frequência nós religiosos andamos entre a beleza e a liberalidade da natureza, e o fazemos sem pausar para refletir. Perdemos o panorama de cor e dom e cheiro. Faria pouca diferença se nos mantivéssemos dentro de nossas enclausuradas e artificialmente iluminadas salas de estar. As lições da natureza são perdidas e a oportunidade de mergulhar em silencioso assombro diante do Deus da criação passa. Deixamos de ter nossos horizontes abertos pela magnificência de um mundo saturado de graça. A criação não acalma nossos espíritos, não restaura nossa perspectiva e não provê deleite a cada porção do nosso ser.[3] Em vez disso, ela nos traz à lembrança as tarefas mais mundanas: mudar a página do calendário ou mandar comprar pneus para a neve. Precisamos redescobrir o evangelho da graça e o mundo da graça.

Pois "a graça do nosso Senhor Jesus Cristo, o amor de Deus e a comunhão do Espírito Santo" abrem-nos para o divino espalhado em todo lugar ao nosso redor, especialmente na vida de uma pessoa afetuosa.

Estou pensando no mendigo no *Don Juan* de Molière. Ele está sentado numa esquina quando passa um nobre. O estranho que está passando é Don Juan, um homem amargo que tem sua fortuna e seu caráter arruinados.

— Uma esmola pelo amor de Deus — pede o mendigo.

Don Juan para, tira do bolso sua última moeda de ouro e estende-a sobre os braços estirados do mendigo.

— Blasfeme de Deus, e eu a darei a você.

— Ah! Não, meu senhor — diz o mendigo. — Eu nunca faria isso.

Um gesto desses é mais cheio de graça do que um céu cheio de estrelas, do que mil sinfonias, do que uma Torre Eiffel ou do que

---

[3] Joan PULS. Op. cit., p. 120.

uma Mona Lisa. Tomás de Aquino dizia que o esplendor de uma alma em graça era tão sedutor que superava em beleza todas as coisas criadas.

Conta-se uma história sobre Fiorello LaGuardia, que, quando era prefeito de Nova York durante os piores dias da Depressão e durante toda a Segunda Guerra Mundial, era carinhosamente chamado de "Little Flower" pelos seus admiradores nova-iorquinos, porque tinha apenas 1,65 m e trazia sempre um cravo na lapela. Era um personagem pitoresco que costumava andar em caminhões do Corpo de Bombeiros, participar de batidas em bares ilegais junto com o departamento de polícia, levar orfanatos inteiros para partidas de *baseball* e, quando os jornais de Nova York estavam em greve, ia à rádio ler quadrinhos humorísticos para as crianças.

Numa noite terrivelmente fria de janeiro de 1935, o prefeito compareceu a um tribunal noturno que servia a região mais pobre da cidade. LaGuardia dispensou o juiz por aquela noite e assumiu a tribuna ele mesmo. Minutos depois, uma senhora esfarrapada foi trazida à presença dele, acusada de roubar um pão. Ela disse a LaGuardia que o seu genro havia ido embora, que sua filha estava doente e que seus dois netos estavam passando fome. Mas o merceeiro, de quem o pão havia sido roubado, recusava-se a retirar a acusação.

— É uma vizinhança ruim, meritíssimo — o homem disse ao prefeito. — Ela deve ser punida para ensinar às pessoas daqui uma lição.

LaGuardia suspirou, virou-se para a mulher e disse:

— Tenho de punir a senhora. A lei não abre exceções: são dez dólares ou dez dias na cadeia.

Mas, ainda enquanto falava, o prefeito já colocava a mão no bolso. Ele tirou uma nota para fora e arremessou-a no seu famoso chapéu de abas largas, dizendo:

— Aqui está a multa de dez dólares, que eu agora perdoo. Além disso, vou impor uma multa de cinquenta centavos para cada um presente neste tribunal, por morarem numa cidade em que uma pessoa tem de roubar pão para que seus netos tenham o que comer. Senhor Bailiff, recolha as multas e entregue-as à ré.

Assim, no dia seguinte, os jornais de Nova York anunciaram que 47,50 dólares haviam sido entregues a uma perplexa senhora que havia roubado um pão para alimentar os netos famintos, cinquenta centavos dos quais haviam sido doados pelo ruborizado dono da mercearia, enquanto cerca de setenta pessoas, acusadas de pequenos crimes e de violações de tráfego, lado a lado com policiais da cidade de Nova York, aplaudiam o prefeito em pé.[4]

Que tremendo momento de graça foi aquele para todos que estavam presentes naquele tribunal. A graça de Deus opera num nível profundo na vida de uma pessoa afetuosa. Ah! Quem dera fôssemos capazes de reconhecer a graça de Deus quando ela vem a nós!

Dirigi recentemente, em Virginia Beach, um retiro silencioso de três dias para senhoras. Na abertura do retiro encontrei-me brevemente com cada mulher e pedi que escrevesse numa folha de papel a graça que ela mais gostaria de receber do Senhor. Uma mulher casada da Carolina do Norte, de cerca de quarenta anos, com um brilhante histórico de oração e de serviço aos outros, disse-me que o que ela mais queria do que qualquer outra coisa era experimentar uma vez que fosse o amor de Deus. Assegurei-lhe que me juntaria a ela nessa oração.

---

[4] James N. McCutcheon. "The righteous and the good", in *Best sermons*. San Francisco: Harper & Row, 1988, p. 238-9.

Na manhã seguinte, essa mulher (que chamarei Winky) acordou antes do amanhecer e foi passear na praia, que ficava a menos de cinquenta metros da casa. Caminhando descalça ao longo da praia, as águas geladas do Atlântico lambendo seus pés e tornozelos, ela viu, uns cem metros adiante, um adolescente andando em sua direção, seguido por uma mulher quinze metros atrás. Em menos de um minuto o rapaz passou à esquerda dela, mas a mulher fez uma abrupta curva de noventa graus, andou na direção de Winky, abraçou-a calorosamente, beijou-a no rosto, sussurrou "eu te amo" e seguiu seu caminho. Winky nunca tinha visto a mulher antes. Ela vagueou ao longo da praia por mais uma hora antes de voltar para a casa e bater a minha porta. Quando abri, ela estava sorrindo.

— Nossa oração foi respondida — ela disse simplesmente.

Em seu livro *The magnificent defeat* [*A esplêndida derrota*] Frederick Buechner escreve: "Pois o que precisamos saber, é claro, não é apenas que Deus existe, não apenas que além do brilho metálico das estrelas há uma inteligência cósmica de alguma espécie que mantém o espetáculo em andamento, mas que há um Deus aqui no centro de nossa vida cotidiana, um Deus que pode não escrever mensagens a respeito de si mesmo nas estrelas, mas está de um modo ou de outro tentando passar mensagens pela barragem da nossa cegueira, enquanto nos movemos aqui embaixo mergulhados até os joelhos nos fragrantes estrumes, mistério e maravilha do mundo. Não é prova objetiva da existência de Deus o fato de que não queremos coisa alguma além de experimentar a presença de Deus. Esse é o milagre que na verdade buscamos, e é também, creio, o milagre que na verdade obtemos".[5]

Viver pelo evangelho da graça nos conduz ao que Teilhard de Chardin chama de "a redondeza divina" — um universo repleto

[5] San Francisco: Harper & Row, 1985, p. 47.

de Deus e permeado de Cristo, um mundo carregado com a grandeza de Deus. De que forma vivemos na presença do Deus vivo? Em assombro, maravilhados pelos rastros de Deus ao nosso redor.

A graça abunda em filmes, livros, romances e música contemporâneos. Se Deus não está no redemoinho, talvez esteja num filme de Woody Allen ou num show de Bruce Springsteen. A maior parte das pessoas compreende representações visuais e símbolos com mais facilidade do que a doutrina e o dogma. Certo teólogo opinou que o álbum *Tunnel of Love*, de Springsteen, no qual ele canta simbolicamente a respeito do pecado, da morte, do desespero e da redenção, é mais importante para os católicos do que a última visita do papa, que falou de moralidade apenas com base em proposições doutrinárias. Poetas foram sempre mais importantes e influentes que teólogos e bispos.

Em outra seção dos meios de comunicação uma versão moderna das peças moralizantes medievais passou para o horário nobre da televisão quase despercebida. Em muitos sentidos o comediante Bill Cosby é o professor de religião mais influente dos Estados Unidos.

A cada semana seu programa apresenta vívidos e convidativos paradigmas de amor para vastas audiências. O amor é revelado na resolução das tensões familiares nas vidas de personagens que se tornam tão reais quanto os vizinhos da casa ao lado — Cliff, Claire, Sondra, Denise, Theo, Vanessa, Rudi e assim por diante. Acabamos aprendendo sem perceber como viver de modo amoroso numa família. Rimos do padrão familiar de tensão e conflito criados por crises familiares aparentemente triviais como um anúncio de noivado, um aniversário de cinquenta anos, uma conta telefônica cara demais, uma briga entre jovens apaixonados, o aniversário de casamento de avós, uma separação entre amigos, uma epidemia de gripe na família. Enquanto rimos, vemos as virtudes requeridas para a resolução de conflitos — coisas como paciência, confiança, sensibilidade, honestidade, flexibilidade e perdão.[6]

A família tem sido matéria-prima de grande parte do humor de Cosby desde o começo da sua carreira, e esse tem sido sempre o humor do amor. Talvez o seu grau de doutorado em pedagogia o tenha tornado mais ponderado a respeito do que está fazendo, mais consciente das questões morais e espirituais que está tratando, porém ele sempre foi, a seu modo, um veículo de graça.

A graça tem uma notável participação no romance *The moviegoer* do escritor sulino Walker Percy. Ele conta a história de um viajante de trem a caminho de casa depois de um serviço bem-sucedido, um homem que se sente inexplicavelmente mal na proporção das muitas razões que tem para sentir-se bem. Ele sofre um ataque repentino do coração e é removido do trem numa estação pela qual passou inúmeras vezes mas nunca visitou. Quando começa a recuperar a consciência, o viajante está na cama de um hospital estranho, cercado por pessoas que não conhece. Enquanto seu olhar passeia pelo quarto, ele avista uma mão colocada sobre o lençol diante dele. É como se ele nunca tivesse visto até aquele momento sua própria mão — essa coisa extraordinária capaz de mover-se de diferentes maneiras — abrir e fechar.

Percy prossegue falando desse despertar como uma revelação, uma experiência daquilo que os teólogos chamam de "graça natural". Por meio do seu ataque do coração o viajante pôde encontrar-se consigo mesmo e com sua vida de um modo que não havia sido possível durante anos, absorvido que estava no que ele chama de "cotidianidade". A provação restaurou-o a ele mesmo. O evento é de enorme importância, pois o que ele decidir fazer da experiência

---

[6] Andrew M. GREELEY. *God in popular culture*. Chicago: The Thomas More Press, 1988, p. 124.

determinará a alocação do seu futuro. Quando ele viajava de trem todos os dias, era dominado por um desespero sem nome. Agora a catástrofe do ataque cardíaco o havia liberado da paralisia de uma morte em vida e lançara-o numa busca por significado.[7]

No hospital ele permanece olhando para sua mão. Diz o viajante: "Minha mão estava aberta diante do meu rosto. Os dedos abriam e fechavam. Senti-me como Rip Van Winkle* despertando e testando os ossos. Havia algo quebrado? Eu estaria ainda inteiro?"

"Despertando como Rip Van Winkle." Percy apresenta a catástrofe como um rude sacudir para fora do sono, uma rajada de ar fresco ou, como coloca *The moviegoer*, "um bom chute no traseiro". Apenas a realidade da morte é poderosa o bastante para despertar as pessoas para fora da morosidade da vida diária e fazê-las adentrar uma busca ativa pelo sentido da vida. Percy mergulha seus heróis no desastre e no suplício, apenas para falar, de dentro do redemoinho, dos piores momentos como os melhores momentos, da preferencialidade dos furacões ao bom tempo, sobre a disposição de soldados de voltar aos seus piores pesadelos. Os personagens de Percy não apenas sobrevivem à catástrofe, mas descobrem nela a liberdade para agir e para ser. O viajante agarra sua existência pelo pescoço e dá início a uma vida renovada num mundo corriqueiro que não foi ainda purificado de sua "cotidianidade".

Nosso Deus gracioso fala conosco nesse livro e conclama-nos a "escolher entre produtividade e estagnação, entre permanecer fazendo diferença e sentar esperando a morte chegar". Essa é a

---

[7] Peter S. HAWKINS. *The language of grace*. Cambridge: Cowley Publications, 1983, p. 67-8. O autor analisa a ficção de Flannery O'Connor, Walker Percy e Irish Murdock, examinando a linguagem da graça que eles utilizam para confrontar o leitor moderno, a partir da premissa de que muitos termos tradicionais da graça perderam seu impacto.

*Personagem de uma história de Washinton Irving, que adormece debaixo de uma árvore e só acorda vinte anos depois. (N. do T.)

linguagem da graça, da conversão, da *metanoia*, colocada em termos contemporâneos — já que, como diz Percy, as velhas palavras de graça foram depreciadas.

Terá sido esse romance que inspirou Erma Bombeck a escrever um artigo chamado "Se eu pudesse viver novamente"? Nele ela escreve:

> Eu teria convidado amigos para jantar, mesmo que o carpete estivesse manchado e o sofá desbotado. Teria sentado no gramado com meus filhos sem me preocupar com as manchas de grama. Nunca teria comprado coisa alguma apenas por ser prática, por não estragar com facilidade ou ser garantido para a vida toda. Quando um filho meu me beijasse impetuosamente, nunca teria dito: "Depois. Agora vá lavar as mãos para o jantar". Teria havido mais Eu te amo e mais Desculpes, mas acima de tudo, dada uma nova chance de vida, eu abraçaria cada minuto, olharia para ele de forma a realmente vê-lo, vivê-lo e jamais abrir mão dele.

Novamente, bem no meio do jornal diário, um eco da graça. Cada momento da existência estamos ou crescendo em algo maior ou recuando em algo menor. Estamos vivendo mais ou morrendo um pouquinho, como colocou Norman Mailer.

A espiritualidade do assombro sabe que o mundo está carregado com graça; que embora o pecado e a guerra, a doença e a morte sejam terrivelmente reais, a presença e o poder de Deus no nosso meio é ainda mais real.

Sob o domínio do assombro fico surpreso, fico extasiado. É Moisés diante da sarça ardente, "temendo olhar para Deus" (x 3:6). É Estêvão prestes a ser apedrejado: "Eis que vejo os céus abertos e o Filho do Homem, em pé à destra de Deus" (At 7:56) e Michelângelo golpeando sua estátua de Moisés e ordenando: "Fale!" É Inácio de Loyola extasiado diante do céu noturno. Teresa de

Ávila arrebatada por uma rosa. É Tomé descobrindo seu Deus nas chagas de Jesus, Madre Teresa vislumbrando a face de Cristo nos pobres atormentados. São os Estados Unidos emocionados diante dos primeiros passos na Lua, uma criança soltando uma pipa ao vento. É uma mãe olhando com amor seu filho recém-nascido. É a maravilha do primeiro beijo.[8]

O evangelho da graça é brutalmente depreciado quando os cristãos sustentam que o Deus transcendente só pode ser honrado e respeitado adequadamente negando-se a bondade, a verdade e a beleza das coisas deste mundo.

Assombro e arrebatamento deveriam ser nossa reação ao Deus revelado como Amor.

Permita-me por um momento esboçar em traços gerais a teologia bíblica do amor *ágape* divino.

O primeiro conceito que Israel teve de Deus baseava-se na aliança, o contrato fechado no monte Sinai. Por intermédio de seu porta-voz, Moisés, Deus disse aos israelitas: "Vós sereis o meu povo, e eu serei vosso Deus". Iavé é visto primeiramente pela comunidade judaica como um ser pessoal e relacional. Seu conceito de Deus era enormemente superior ao dos pagãos cujos deuses eram muito humanos, volúveis, caprichosos, sensuais e tão imprevisíveis quanto as forças com as quais eram identificados — o vento, a tempestade, a fertilidade, a nação e assim por diante.

Israel conheceu um Deus santo, que transcendia a tudo que era visível e tangível, porém pessoal. Ele era de certo modo refletido em coisas, mas não deveria ser identificado com coisas. Êxodo retrata Deus como estável e interessado, uma rocha de confiabilidade em meio a tantos dependentes.

---

[8] Walter J. BURGHARDT. *Still proclaiming your wonders*. Nova York: Paulist Press, 1984, p. 170.

Os judeus relacionavam-se, dessa forma, com um Deus-aliança que havia tomado a iniciativa no contrato, que havia falado com Israel em primeiro lugar, que havia gerado Israel como nação e dado a ela um senso de identidade. Nesse estágio primitivo de relacionamento, o Deus de Israel era calmo, até mesmo frio. Qualidades como interesse, fidelidade e estabilidade eram apreciáveis, mas a ternura e a radiância não haviam ainda aparecido. Iavé era como a Rocha de Gibraltar diante dos ventos de mudança. Ele possuía um rosto, mas era uma fisionomia impassível com um toque de benignidade, remanescente de Charlton Heston ou de Matt Dillon: não havia doçura ou extravagância em Iavé. Ele era firme, justo e digno de confiança. Confiabilidade implacável. A eleição de Israel foi inteiramente gratuita. Ela não precisa usar maquiagem ou joias finas como faziam as outras garotas sedutoras. Matt Dillon não se deixa seduzir. Ele a escolhe livremente, simples como ela é, e isso dá a ela um senso real de confiança. Era um pouco assustador às vezes, até mesmo um pouco irreal e não humano.

O conceito de Deus de Israel precisava de uma definição mais clara, pois Deus não é inumano, ao contrário, reveste-se de humanidade — como faz de forma definitiva em Jesus, muito além dos limites da humanidade como a conhecemos, de modo que ele pode ser tudo que somos e não somos.

Deus levantou então os profetas, gravou a ferro e fogo em suas consciências uma consciência vívida da sua presença, e enviou-os para revelá-lo de uma forma mais calorosa e apaixonada. Embora Israel tenha se prostituído com falsos deuses, os profetas bradam a constância de Deus diante da infidelidade humana: "Israel, não seja tola a ponto de medir meu amor por você a partir do seu amor por mim! Não ouse comparar o seu amor tênue, pálido, hesitante e instável com o meu amor, pois eu sou Deus, não homem!".

O amor humano será sempre uma débil sombra do amor de Deus. Não por ser açucarado ou sentimental demais, mas simplesmente porque não se pode comparar de onde ele provém. O amor humano, com toda sua paixão e emoção, é um tênue eco do amor paixão/emoção de Iavé.

No deserto do Sinai o Deus da aliança foi fiel e justo. Israel foi fiel. Havia reciprocidade. Mas se Israel fosse infiel, a lógica e a justiça humana não exigiriam nenhum esforço posterior de Iavé. Ele vê seu contrato quebrado, pega sua mala e sai do tribunal. O relacionamento acabou.

Mas não há como aplicar a lógica e a justiça humanas ao Deus vivo. A lógica humana está baseada na experiência humana e na natureza humana. Iavé não se encaixa nesse modelo. Se Israel é infiel, Deus permanece fiel contra toda a lógica e contra todos os limites de justiça, apenas porque ele é. O amor explica a feliz irracionalidade da conduta de Deus. O amor tende a ser irracional às vezes. Ele persevera a despeito da infidelidade. Ele floresce em ciúme e ira — que delatam um interesse sincero. Quanto mais complexa e emocional torna-se a imagem de Deus na Bíblia, maior ele se torna, e mais nos aproximamos do mistério da sua indefinibilidade.

A *hesed*/misericórdia de Deus leva Israel a uma confiança maior. A Justiça diz: "você quebrou o contrato: não lhe devo nada". Mas onde a justiça termina o amor começa, e revela que Deus não está interessado apenas nos dividendos da aliança. Ele olha fundo nos olhos de Israel, do seu íntimo ao íntimo dela. Ele olha, além da cortina de fumaça dos atos bons e maus, para a própria Israel. Ela levanta os olhos, constrangida:

— Quem, eu?

— Sim, você. Não quero as distrações do relacionamento. Quero o seu coração. (Essa não é a tonalidade da espiritualidade contemporânea. Muitos de nós veem Deus como um mesquinho funcionário de aduana. Ele vasculha nossa bagagem moral a fim de destrinchar nossos atos e depois devolve um cartão de desempenho com o total de virtudes e vícios, para que possamos trocar figurinhas com ele no Dia do Julgamento.)

De acordo com Oseias, Deus está disposto a manter um relacionamento mesmo quando sua esposa torna-se uma prostituta vulgar e grosseira. Essa mesma convicção é levada adiante no Novo Testamento. A mulher adúltera é trazida diante de Jesus. Espera-se que seja o deus dos líderes religiosos, que nunca assimilou a contribuição de Oseias, a julgá-la. Ela foi infiel, e a postura divina incorporada na liderança iria apedrejá-la. O Deus dos fariseus está interessado no contrato, na justiça em primeiro lugar. Matemos a mulher pelo contrato. A pessoa é descartável.

Mas no homem Jesus vemos a face humana de Deus, uma face em harmonia com a revelação do Antigo Testamento. Ele está interessado na mulher. Seu amor vai além da justiça e prova-se mais salvífico do que reforçar claramente as regras fundamentais ainda mais uma vez.[9]

Injusto? No nosso modo de pensar, sim. Graças a Deus! Estou maravilhosamente satisfeito com um Deus que não me trata como meus pecados mereceriam. No último dia, quando Jesus chamar-me pelo nome, "Venha, Brennan, bendito do meu Pai", não será porque Abba é justo, mas porque seu nome é misericórdia.

Seremos um dia capazes de compreender o mistério da graça, o furioso amor de Deus, o mundo de graça em que vivemos? Jesus Cristo é o escândalo de Deus. Quando o Batista é aprisionado por

[9] Brennan MANNING. *Prophets and lovers*. Denville: Dimension Books, 1976, p. 12-4. Condensei aqui uma ampla teologia bíblica sobre o amor *agape* em uma de minhas obras publicadas anteriormente.

Herodes, ele envia uma dupla de seus seguidores para perguntar a Jesus: "És tu aquele que estava para vir ou havemos de esperar outro?" Jesus diz: "Ide e anunciai a João o que estais ouvindo e vendo: os cegos veem, os coxos andam, os leprosos são purificados, os surdos ouvem, os mortos são ressuscitados, e aos pobres está sendo pregado o evangelho. E bem-aventurado é aquele que não se *escandalizar* em mim" (grifo do autor).

Deveríamos ficar perplexos diante da bondade de Deus, estupefatos diante do fato de ele se dar ao trabalho de chamar-nos pelo nome, boquiabertos diante do seu amor, maravilhados de que neste preciso momento estejamos pisando em terreno santo.

Cada parábola de misericórdia dos Evangelhos é dirigida por Jesus aos seus oponentes: escribas murmuradores, fariseus reclamões, teólogos censuradores, membros do Sinédrio. São os inimigos do evangelho da graça, indignados porque Jesus afirma que Deus se importa com os pecadores, inflamados que ele coma com gente que eles desprezam. O que ele diz a eles?

Esses pecadores, essa gente que vocês desprezam, estão mais perto de Deus do que vocês. Não são as meretrizes e os ladrões que acham mais difícil se arrepender: são vocês, tão seguros da sua devoção e da sua farsa que não têm qualquer necessidade de conversão. Eles podem ter desobedecido ao chamado de Deus, podem ter sido degradados pelas suas profissões, mas demonstraram tristeza e arrependimento. Mais do que tudo isso, porém, essas são pessoas que dão valor à bondade de Deus: são um paradigma do reino diante de vocês, pois elas têm o que lhes falta — uma profunda gratidão pelo amor de Deus e um profundo assombro diante da sua misericórdia.

Peçamos a Deus a dádiva que ele deu a um inesquecível rabino, Abraham Joshua Heschel: "Querido Deus, dê-me a graça do assombro. Surpreenda-me, maravilhe-me, encha-me de assombro em cada pequena fenda do seu universo. Conceda-me o deleite de ver como Jesus Cristo age em dez mil lugares, adorável em mãos e pernas, adorável ao Pai em olhos que não os dele, nas feições dos rostos dos homens. Arrebata-me a cada dia com suas incontáveis maravilhas. Não peço conhecer a razão de todas; peço apenas compartilhar da maravilha de todas".

CAPÍTULO SEIS

GRAZIE, SIGNORE

Em seu livro *Mortal lessons*, o médico Richard Selzer escreve:

Estou em pé junto ao leito onde jaz uma jovem, seu rosto em pós-operatório; sua boca, retorcida com paralisia, tem um quê de palhaço. Um minúsculo ramo do seu nervo facial, aquele que controla os músculos da boca, foi removido. Ela ficará assim daqui em diante. O cirurgião havia seguido com religioso fervor a curvatura da sua carne, isso eu podia garantir. No entanto, para remover o tumor de sua bochecha, tive de cortar aquele nervinho.

O jovem esposo dela está no quarto. Ele está em pé no lado oposto da cama e juntos eles parecem habitar a luz vespertina da lâmpada, isolados de mim, num mundo particular. Quem são eles, pergunto a mim mesmo, ele e esta distorcida boca que fiz, que olham-se um ao outro tão generosamente, com tanta avidez? A jovem fala:

— Minha boca vai ficar assim para sempre?

— Sim — digo. — Vai ficar assim, porque o nervo foi cortado. Ela assente e silencia. Mas o jovem sorri.

— Eu gosto — ele diz. — Acho uma gracinha.

De repente *sei* quem ele é. Compreendo e baixo os olhos. Não devemos ser ousados na presença de um deus. Sem nenhum constrangimento, ele inclina-se para beijar a boca torta, e estou tão perto que consigo ver como ele entorta seus próprios lábios para ajustá-los ao dela, para mostrar-lhe que o beijo deles ainda funciona".[1]

Desde que li essa passagem, tem me assombrado a imagem do marido entortando a boca e retorcendo os lábios para um beijo íntimo com a esposa paralisada. Porém algo me escapou até que um dia, em oração, veio-me à memória de forma renovada a violência ocorrida numa colina do lado de fora das muralhas da velha Jerusalém. O corpo mutilado do Filho está suspenso, exposto ao escárnio do mundo. Ele é um blasfemador de Deus e um sediciador do povo. Que morra em desgraça. Seus amigos estão dispersos, sua honra estilhaçada, seu nome motivo de zombaria. Ele foi abandonado por seu Deus. Deixado absolutamente só. Arrastem-no para fora da cidade santa e pelos meandros aos quais pertence gente como ele. O Cristo maltrapilho é tratado grosseiramente, empurrado de um lado para o outro, açoitado e cuspido, assassinado e enterrado em meio aos da sua própria laia.

A fim de dramatizar a sua morte, alguns pintores cristãos concederam ao Cristo crucificado um olhar dirigido para o alto e uma boca contorcida; usaram pigmento vermelho para fazerem gotas de sangue realistas fluírem de suas mãos, pés e lado.

Em 1963, um amigo deu-me um crucifixo de grande valor. Um artista francês havia entalhado em madeira, com grande cuidado, as mãos de Jesus na cruz. Na Sexta-feira Santa os artistas romanos entalharam — ah! Deus, como entalharam! — nosso irmão Jesus

---

[1] Richard SELZER, M.D., *Mortal lessons: Notes on the art of surgery*. Nova York: Simon and Chuster, 1978, p. 45-6. Li inicialmente essa história em *The Wittenburg door*, uma revista cristã frequentemente satírica, que anuncia a si mesma como "o presente perfeito para quem possui mente fechada". Sempre aguardo o número seguinte com considerável expectativa.

sem qualquer cuidado. Nenhuma arte foi requerida para bater os pregos com os martelos, nenhum pigmento vermelho necessário para fazer sangue de verdade jorrar de suas mãos, pés e lado. Sua boca contorceu-se e seus lábios ficaram retorcidos no mero ato de erguê-lo para a cruz. Nós já teologizamos tanto a paixão e a morte desse homem santo que não enxergamos mais o vagaroso rasgar dos tecidos, o alastramento da gangrena, sua sede exacerbada.

Em sua obra monumental, *The crucified God*, Jurgen Moltmann escreve: "Tornamos a amargura da cruz, a revelação de Deus na cruz de Jesus Cristo, tolerável para nós mesmos aprendendo a compreendê-la como uma necessidade no processo da salvação".[2]

Roslyn e eu estamos caminhando ao longo da Royal Street no Bairro Francês de Nova Orleans. Adjacente à infame Borboun Street com seus entrepostos de *jazz*, lojas de camisetas e *sex-shops*, a Royal é pontuada de lojas de antiguidades.

— Venha ver isto — diz o antiquário. — A Vênus custa mais, mas este Cristo crucificado de marfim é bonito a seu modo, especialmente contra um fundo roxo.

E quanto mais o reproduzimos, mais esquecemos a respeito dele e da agonia da sua terceira hora. Transformamo-lo em ouro, prata, marfim ou o que quer que seja a fim de nos libertarmos da sua agonia e morte como homem.

"Aquele que não conheceu pecado, ele o fez pecado por nós; para que, nele, fôssemos feitos justiça de Deus" (2Co 5:21). Cada espécie de pecado e suas consequências, a doença e a enfermidade de todo tipo, a dependência em drogas, o alcoolismo, os relacionamentos partidos, a insegurança, o rancor, a luxúria, o orgulho, a inveja, o ciúme, o câncer, a osteoporose, a artrite e assim por diante, foram experimentados e levados pelo que era "como um de quem

---

[2] JURGEN Moltmann, *The crucified God*. Nova York: Harper & Row, 1974, p. 108.

os homens escondem o rosto, desprezado" (Is 53:3), que conheceu o ápice de uma agonia que ninguém jamais sonhou. "A saber, que Deus estava em Cristo reconciliando consigo o mundo, não imputando aos homens as suas transgressões, e nos confiou a palavra da reconciliação" (2Co 5:19). Jesus Cristo pregado no madeiro transferiu nossa dor para a paz da graça. Ele fez a paz através do sangue da sua cruz (Cl 1:20).

Jesus viajou aos mais distantes recessos da solidão. Em seu corpo alquebrado ele levou sobre si os seus pecados e os meus, toda separação e perda, todo coração quebrado, toda ferida de espírito que se recusa a fechar, todas as dilacerantes experiências de homens, mulheres e crianças ao longo dos milênios da história.

Jesus é Deus. Você e eu somos formados da argila da terra e do beijo da sua boca.

O que diremos diante de tamanha efusão de amor? Como responderemos?

Em primeiro lugar, o amor de Cristo e de seu evangelho de graça chama a uma decisão pessoal, livre e não convencional. Responder é reconhecer que o outro tomou a iniciativa e lançou o convite. A abertura do outro tornou a resposta necessária.

O outro, no entanto, não é um vendedor itinerante vendendo quinquilharias na sua porta. É Cristo oferecendo uma oportunidade única na vida: "Eu vim como luz para o mundo, a fim de que todo aquele que crê em mim não permaneça nas trevas" (Jo 12:46).

Há um poder extraordinário no ato de contar histórias, um poder que estimula a imaginação e forma uma impressão indelével na mente. Jesus emprega um conjunto de histórias, conhecidas como parábolas "de crise", para lançar uma advertência, um chamado ao arrependimento, devido ao adiantado da hora. Jesus diz: "um maremoto está se aproximando e vocês estão vagueando pelo terraço e fazendo uma festa". Ou, como coloca Joachim Jeremias: "Vocês estão se banqueteando e dançando — em cima de um vulcão que pode entrar em erupção a qualquer momento".[3] A crise iminente torna o adiamento inconcebível. "Vigiai, pois, porque não sabeis quando virá o dono da casa: se à tarde, se à meia-noite, se ao cantar do galo, se pela manhã; para que, vindo ele inesperadamente, não vos ache dormindo. O que, porém, vos digo, digo a todos: vigiai!"

Na parábola do banquete de casamento, o convidado que não está trajando roupa de festa é arrastado à força pelos leões-de-chácara e arremessado porta afora. "A roupa de festa é o arrependimento. Revistam-se com ele hoje, antes da sua morte, no dia antes que o dilúvio comece. Vistam-no hoje! A exigência da crise é a conversão."[4]

Roma está em chamas, diz Jesus. Largue a vadiagem, mude de vida e venha até mim. Quando um tornado vem devastando rua acima não é hora de parar para cheirar as flores. Abra mão dos velhos tempos que nunca existiram — uma igreja organizada que você nunca frequentou, virtudes tradicionais que você nunca praticou, obediência legalista que você nunca observou e a ortodoxia estéril que você nunca aceitou. A velha era já passou. A decisiva intervenção de Deus já aconteceu.

A pessoa que percebe a gravidade da situação sabe que a decisão não permite qualquer adiamento. O Contador de Histórias nos chama não ao medo, mas à ação. Não se apegue a bijuterias baratas quando a pérola de grande valor está sendo oferecida. Quando a própria existência de uma pessoa está sendo ameaçada, quando ele ou ela estão no limiar da ruína moral, quando está tudo em jogo, a hora chegou para um momento de decisão ousado e resoluto.

---

[3] Joachim JEREMIAS. *As parábolas de Jesus*. São Paulo. Edições Paulinas, 1978.
[4] Id., Ibid., p. 188.

Na parábola dos talentos, os três servos são chamados para prestar contas do modo que usaram os dons confiados a eles. Os dois primeiros utilizaram seus talentos de modo ousado e empreendedor. O terceiro, que prudentemente embala seu dinheiro e o enterra, tipifica o cristão que deposita sua fé num recipiente hermeticamente fechado e sela a tampa. Ele ou ela manqueja pela vida com base nas lembranças da Escola Dominical e recusa teimosamente o desafio do crescimento e da maturidade espiritual. Não disposta a correr riscos, essa pessoa perde o talento confiado a ela. "O senhor queria que seus servos assumissem riscos. Ele queria que eles apostassem com o seu dinheiro."[5]

Numa parábola manifestamente polêmica para sua audiência judaica, Jesus conta a história de um administrador ardiloso. Somos apresentados a um defraudador que, para cobrir suas trilhas, lava o dinheiro do seu empregador falsificando os seus registros contábeis. E Jesus elogia o criminoso!

> Havia um homem rico que tinha um administrador; e este lhe foi denunciado como quem estava a defraudar os seus bens. Então, mandando-o chamar, lhe disse: Que é isto que ouço a teu respeito? Presta contas da tua administração, porque já não podes mais continuar nela. Disse o administrador consigo mesmo: Que farei, pois o meu senhor me tira a administração? Trabalhar na terra não posso; também de mendigar tenho vergonha. Eu sei o que farei, para que, quando for demitido da administração, me recebam em suas casas.
>
> Tendo chamado cada um dos devedores do seu senhor, disse ao primeiro: Quanto deves ao meu patrão? Respondeu ele: Cem cados de azeite. Então, disse: Toma a tua conta, assenta-te depressa e

escreve cinquenta. Depois, perguntou a outro: Tu, quanto deves? Respondeu ele: Cem coros de trigo. Disse-lhe: Toma a tua conta e escreve oitenta.

E elogiou o senhor o administrador infiel porque se houvera atiladamente, porque os filhos do mundo são mais hábeis na sua própria geração do que os filhos da luz (Lc 16:1-8).

Homens e mulheres cuja visão de mundo está condicionado pelo índice da bolsa de valores são mais sagazes do que os discípulos em jornada espiritual. Os descrentes nos suplantam estrondosamente. Imitem a esperteza deles!

Jesus não desculpou a atitude do administrador, mas admirou sua iniciativa. Ele não permitiu que uma trágica sequência de eventos se desenrolasse, mas fez o que tinha de fazer, por inescrupuloso que fosse, para garantir uma nova vida para si mesmo. Sem nutrir ilusões, ele faz o máximo a partir do pouco que lhe resta.

> O mordomo desonesto que ao saber que será despedido falsifica a contabilidade do seu padrão para garantir outro emprego é elogiado precisamente porque fez alguma coisa. O ensinamento central não diz respeito à moralidade, mas à apatia. Aqui está um homem que se encontra em meio a uma crise, e em vez de chafurdar em autopiedade, age de modo empreendedor. Os convidados que não respondem ao convite do banquete do Rei são rapidamente dispensados e outros são convidados. *A resposta imediata é o estado de espírito do reino.* O choque criativo lança um convite que leva a decisão e ação".[6]

A maior parte de nós adia uma decisão esperando que Jesus se canse de esperar e que a voz interior da Verdade acabe contraindo

---

[6] John SHEA. *Stories of God.* Chicago: Thomas More Press, 1978, p. 187. Um dos pensadores mais originais e criativos da igreja contemporânea.

laringite. Dessa forma, a conclamação das parábolas "de crise" permanece suspensa num estado de ansiedade, uma vez que não optamos nem contra nem a favor da nova dimensão de vida aberta para nós. Nossa indecisão cria mais problemas do que resolve. Indecisão quer dizer que paramos de crescer por um período indefinido de tempo; ficamos travados. Com a paralisia da análise, o espírito humano começa a murchar. A consciência clara da nossa resistência à graça e da nossa recusa em permitir que o amor de Deus faça de nós quem realmente somos produz uma sensação de opressão. Nossa vida torna-se fragmentada, inconsistente, carente de harmonia e fora de sincronia. O verme se revolve. A segurança experimentada de se permanecer num lugar familiar desaparece. Somos pegos entre a cruz e a espada. Como resolvemos esse dilema?

Não resolvemos.

Não somos capazes de forçar nossa vontade a aceitar a graça. Não há palavras mágicas, fórmulas testadas ou esotéricos ritos de passagem. Apenas Jesus Cristo nos liberta da indecisão. As Escrituras não oferecem qualquer outra base para a conversão que não o magnetismo pessoal do Mestre.

Certa manhã, misteriosamente movido pela graça, um jovem decide tentar orar. Por cinco minutos ele se dispõe a se expor e calar. E Jesus sussurra: "A hora é agora. O mundo irreal dos sapatos Gucci, de sorvetes Häagen-Dazs e de jeans Calvin Klein, de coletes de pele de castor, tapetes persas, roupa de baixo de seda e da Copa do Mundo está passando. *Agora* é a hora de parar de correr freneticamente em quatro direções diferentes, como o cavalo de Lancelot, e lembrar em meio à quietude que apenas uma coisa é necessária. Agora é a hora de uma decisão pessoal e de uma resposta criativa a minha palavra".

"Deixe-me contar-lhe uma história. Certo ano um rico tolo teve uma colheita de altíssima produtividade e fez provisões para uma ainda maior no ano seguinte. Ele disse a si mesmo: 'Rapaz, você é um cara fantástico. Trabalhou duro, fez por merecer tudo que veio até você e encheu sua cesta de ovos para o futuro. Agora pegue leve, coma à vontade, beba até cair e aproveite a vida'".

"Naquela noite meu Pai despedaçou o senso de segurança dele: 'Tolo! Esta mesma noite a sua alma será exigida de você; e todo esse seu patrimônio, quem desfrutará dele agora?'".

Na oração Jesus nos desacelera, ensina-nos a contar os poucos dias que temos e presenteia-nos com sabedoria. Ele nos revela que estamos tão envolvidos com o que é urgente que acabamos negligenciando o essencial. Ele põe um fim a nossa indecisão e liberta-nos da opressão dos falsos prazos finais e de uma visão míope.

Em segundo lugar, nossa resposta ao amor de Jesus exige confiança. Nós nos afiançamos no nosso currículo ou no evangelho da graça? De que forma lidamos com o fracasso?

> A graça nos diz que somos aceitos como estamos. Podemos não ser o tipo de pessoa que desejaríamos, podemos estar muito distantes de nossos objetivos, podemos contar mais fracassos do que realizações, podemos não ser ricos, poderosos ou espirituais, podemos até mesmo não ser felizes, mas somos apesar de tudo aceitos por Deus e seguros nas suas mãos. Essa é a promessa feita a nós em Jesus Cristo, uma promessa na qual podemos confiar".[7]

Para aqueles de nós cuja vida é um sério desapontamento para Deus, requer uma enorme dose de confiança e uma arrojada e obstinada resolução aceitar que o amor de Deus não conhece qualquer sombra de alteração ou de mudança. Quando disse "Vinde a mim, todos os que estais cansados e oprimidos, e eu vos aliviarei", Jesus estava pressupondo que ficaríamos cansados,

---

[7] Donald W. MᶜCULLOUGH. *Walking from the American dream*, p. 122.

desencorajados e desanimados ao longo do caminho. Essas palavras são um testemunho tocante da humanidade de Jesus. Ele
não tinha qualquer noção romântica do custo do discipulado.
Ele sabia que segui-lo era tão pragmático quanto o dever, tão
exigente quanto o amor. Sabia que a dor física, a perda dos
entes queridos, o fracasso, a solidão, a rejeição, o abandono e a
traição poderiam minar nosso espírito; que chegaria o dia em que
nossa fé deixaria de oferecer qualquer motivação, segurança ou
conforto; que a oração careceria de qualquer senso de realidade
ou de progresso; que ecoaríamos Teresa de Ávila: "Senhor, se é
esse o modo como o Senhor trata os seus amigos, não me admira
que tenha tão poucos!"

> Porque não temos um sumo sacerdote que não possa compadecer-
> se das nossas fraquezas; porém, um que, como nós, em tudo foi
> tentado, mas sem pecado. Cheguemos, pois, com confiança ao
> trono da graça, para que possamos alcançar misericórdia e achar
> graça, a fim de sermos ajudados em tempo oportuno.
>
> Hebreus 4:15,16; ARC

Certo poeta escreveu: "O desejo de sentir-se amado é a última
ilusão: abra mão dele e você será livre". Do mesmo modo que o
nascer do sol da fé exige o entardecer de nossa descrença anterior,
o amanhecer da confiança exige abrir mão de nosso anseio por
consolos espirituais e por corroborações tangíveis. A confiança que
depende da resposta que obtém não é de fato confiança. Tudo é
incerteza e ansiedade. Em receosa insegurança o discípulo implora a
seu Senhor por provas de que sua afeição é correspondida. Se não as
recebe, fica frustrado e começa a suspeitar que seu relacionamento
com Jesus chegou ao fim ou nunca existiu.

Se recebe consolo, ele é tranquilizado, mas por um período
limitado. Ele segue exigindo provas adicionais — cada uma das

quais mostra-se menos convincente do que a anterior. No final, a necessidade de confiar morre de pura frustração. O que o discípulo não aprendeu é que corroborações tangíveis, por mais valiosas que sejam, não são capazes de gerar confiança, de sustentá-la ou de garantir sua presença. Jesus convida-nos a entregar nosso eu autônomo em atitude de inabalável confiança. Quando o anseio por tranquilizações é contido, a confiança acontece.

O mistério da ascensão de Jesus ao céu contém uma importante lição. Ele disse a seus discípulos: "Mas eu vos digo a verdade: convém-vos que eu vá" (Jo 16:7). Por quê? De que forma a partida de Jesus podia mostrar-se vantajosa para os apóstolos? Porque enquanto estava ainda visível na terra havia o perigo de que eles ficassem ligados demais à visão da sua carne, que abandonassem a certeza da fé e passassem a depender da evidência tangível dos sentidos. Ver Jesus na carne era uma coisa boa, mas "bem-aventurados os que não viram e creram" (Jo 20:29).

Quando chafurdamos na culpa, no remorso e na vergonha por causa de sinais reais ou imaginados do passado, estamos desdenhando do dom divino da graça.

A preocupação com o eu é sempre um componente destacado de culpa e recriminações perniciosas. Ela excita nossas emoções, agitando-nos de modos autodestrutivos, encerra-nos na poderosa fortaleza do eu, conduz à depressão e ao desespero e toma o lugar de um Deus compassivo. A linguagem da culpa doentia é dura. Ela é exigente, abusiva, censuradora, rejeitadora, acusadora, incriminatória, condenatória, reprovadora e repreensora. É uma linguagem de impaciência e de punição severa. Os cristãos ficam chocados e horrorizados porque falharam. A culpa doentia torna-se maior do que a vida. A culpa torna-se a experiência na qual as pessoas sentem que o céu está desabando.

Sim, nós de fato nos sentimos culpados pelos nossos pecados, mas a culpa saudável é a que reconhece o malfeito e sente remorso, mas em seguida abraça o perdão oferecido. A culpa saudável concentra-se na percepção de que tudo foi perdoado, de que o erro foi redimido.

> Todos temos sombras e esqueletos em nossa história pessoal. Mas ouça, há algo maior neste mundo do que nós, e esse algo maior é cheio de graça e misericórdia, paciência e inventividade. No momento em que o foco da sua vida muda da sua maldade para a bondade dele, o momento em que a pergunta deixa de ser "O que foi que eu fiz?" e passa a ser "O que ele pode fazer?", a libertação do remorso pode acontecer; milagre dos milagres, você pode perdoar a si mesmo porque está agora perdoado, aceitar a si mesmo porque é agora aceito, e começar a reconstruir os próprios lugares que você uma vez colocou abaixo. Essa graça é o segredo de sermos capazes de perdoar a nós mesmos. Confie nela.[8]

Talvez você já tenha ouvido esta história: há quatro anos, numa grande cidade do extremo oeste, começaram a correr os rumores de que certa mulher católica estava tendo visões de Jesus. Os relatos chegaram ao arcebispo. Ele decidiu verificar. Existe sempre uma linha tênue entre o místico autêntico e a extremidade fanática.

— É verdade, minha senhora, que a senhora tem visões de Jesus? — perguntou o clérigo.

— É — respondeu singelamente a mulher.

— Então, na próxima vez que a senhora tiver uma visão, quero que peça que Jesus lhe conte os pecados que confessei na minha última confissão.

---

[8] John R. CLAYPOOL. "Learning to forgive ourselves", em *Best sermons 1*. San Francisco: Harper & Row, 1988, p. 269.

A mulher ficou perplexa.

— Estou ouvindo direito, bispo? O senhor quer mesmo que eu peça a Jesus que me conte os pecados do seu passado?

— Exatamente. Por favor, ligue-me se alguma coisa acontecer.

Dez dias depois a mulher informou o seu líder espiritual da aparição mais recente.

— Por favor, venha — disse ela.

Uma hora depois o bispo havia chegado. Ele olhou-a nos olhos.

— A senhora acaba de me dizer ao telefone que teve de fato uma visão de Jesus. A senhora fez o que pedi?

— Sim, bispo, pedi a Jesus que me contasse os pecados que o senhor confessou na sua última confissão.

O bispo inclinou-se para frente, na expectativa. Seus olhos se estreitaram

— O que Jesus disse?

Ela tomou a mão dele e olhou fundo nos seus olhos.

— Bispo — ela disse, — essas são as exatas palavras dele: EU NÃO ME LEMBRO.

O cristianismo acontece quando homens e mulheres aceitam com inabalável confiança que seus pecados não foram apenas perdoados mas esquecidos, lavados no sangue do Cordeiro. Meu amigo, o arcebispo Joe Reia, diz: "Um cristão triste é um cristão falsificado, e um cristão culpado não é cristão coisíssima nenhuma".

A conversão da desconfiança para a confiança é forjada aos pés da cruz. "No Calvário da morte de Cristo os santos meditam, contemplam e experimentam o seu Senhor".[9] Há uma conexão essencial entre experimentar Deus, amar a Deus e confiar em Deus. Você confiará em Deus apenas à medida que o ama. E você o amará

---

[9] Citação de São Francisco de Sales. Fonte desconhecida.

à medida que o tiver tocado ou, mais exatamente, à medida que ele tiver tocado em você.

Muitos anos atrás um homem ansioso e temeroso de trinta e tantos anos veio a um retiro no qual eu preguei. Um grupo de homens que o conheciam havia muitos anos estavam no mesmo retiro e ficaram perplexos pelo modo como viram-no mudar. Até mesmo sua expressão facial foi transformada. Ele havia se tornado de repente livre para confiar. A experiência fundamental foi a percepção profunda de que Deus o amava. Ela ocorreu durante a oração. Ele foi movido profundamente pelas palavras de Paulo: "Mas Deus prova o seu próprio amor para conosco, pelo fato de ter Cristo morrido por nós, sendo nós ainda pecadores" (Rm 5:8). A sua experiência do amor humano não teve o poder de libertá-lo da desconfiança da forma que teve aquela simples oração diante do Cristo crucificado.

A cruz é um confronto com a esmagadora bondade de Deus revelada no corpo alquebrado do seu Filho unigênito. Nosso encontro pessoal, não meramente cognição intelectual, mas percepção experimentada do amor de Jesus Cristo, impele-nos à confiança. Há mais de trezentos anos Claude de la Columbiere, comentando sobre o jantar ao qual Jesus compareceu na casa de Simão, o fariseu, escreveu: "Está claro que, de todos os presentes, o que mais engrandece o Senhor é Madalena, que está tão persuadida da infinita misericórdia de Deus que todos os seus pecados lhe parecem apenas um átomo diante da sua misericórdia".

A palavra profética dita por Jesus a uma viúva de 34 anos, Marjory Kempe, em Lynn, Massachusetts, em 1667, permanece sempre antiga, sempre nova: "Mais agradável para mim do que todas as suas orações e penitências é você crer que eu a amo".

A graça de abrir mão do controle e deixar Deus ser Deus flui da confiança em seu amor sem limites. "Aquele que não poupou o seu próprio Filho, antes, por todos nós o entregou, porventura, não nos dará graciosamente com ele todas as coisas?" (Rm 8:32). Ainda assim, muitos de nós acham extremamente difícil confiar. Assombrados talvez pelo espectro de pais que viveram em meio à pobreza, doutrinados por *slogans* como: "Em Deus nós confiamos, os demais paguem à vista" e canções como *Jesus saves his money at the Chase Manhattan Bank,** acabamos desenvolvendo um espírito cético e assumimos controle gerencial do nosso destino.

Somente o amor possibilita o salto de confiança, a coragem de arriscar tudo em Jesus, a prontidão de adentrar a escuridão guiado apenas pelo pilar de fogo. A confiança apega-se à fé de que tudo que acontece na nossa vida é projetado para ensinar-nos a santidade. O amor de Cristo inspira a confiança de agradecer a Deus a dor de cabeça incômoda, a artrite tão dolorosa, a escuridão espiritual que nos envolve; de dizer como Jó: "temos recebido o bem de Deus; não receberíamos também o mal?"; de orar como Charles Foucald: "Abba, abandono a mim mesmo nas tuas mãos. *Faze de mim o que quer que queiras.* Seja o que fizeres, te agradeço. Estou pronto para tudo: aceito tudo. Seja feita a tua vontade em mim e em todas as tuas criaturas. Não desejo mais do que isso, ó Senhor. Em tuas mãos entrego o meu espírito. Ofereço-te meu espírito com todo o amor do meu coração, pois te amo, Senhor, e dou-me a mim mesmo, entrego a mim mesmo em tuas mãos sem reservas, com confiança ilimitada, *pois és meu Pai*".

Um sacerdote das Bahamas conta uma história que captura a essência da confiança bíblica. "Uma casa de dois andares estava pegando fogo. A família — pai, mãe, vários filhos — estava saindo quando o menino mais novo ficou aterrorizado, fugiu de sua mãe e subiu correndo as escadas. Ele de repente apareceu numa janela do

---

*"Jesus poupa (literalmente, 'salva') seu dinheiro no banco Chase Manhattan". (N. do T.)

andar superior, chorando como louco em meio à fumaça. Seu pai, do lado de fora, gritava: "Pule, filho, pule! Eu pego você". O menino gritou: "Mas, papai, eu não consigo ver o senhor". "Eu sei", disse o pai, "mas eu estou vendo você".[10] A terceira característica de nossa resposta à intervenção gratuita de Jesus em nossa vida é uma gratidão sentida.

No famoso conto de O. Henry, *O presente dos magos*, uma jovem esposa tem apenas 1,87 dólares para comprar um presente para o marido, e o Natal é no dia seguinte. Ela decide impulsivamente vender seu cabelo longo e abundante para ter como comprar uma corrente para o estimado relógio de ouro dele. Naquele exato momento ele está vendendo o relógio para comprar um presente para ela: escovas especias para o seu belíssimo cabelo.

Você já fez espontaneamente algo tão extravagante? Foi em frente e esvaziou o cofrinho porque determinado presente era perfeito para alguém de quem você gostava?

Estando ele em Betânia, reclinado à mesa, em casa de Simão, o leproso, veio uma mulher trazendo um vaso de alabastro com preciosíssimo perfume de nardo puro; e, quebrando o alabastro, derramou o bálsamo sobre a cabeça de Jesus. Indignaram-se alguns entre si e diziam: Para que este desperdício de bálsamo? Porque este perfume poderia ser vendido por mais de trezentos denários e dar-se aos pobres. E murmuravam contra ela. Mas Jesus disse: Deixai-a; por que a molestais? Ela praticou boa ação para comigo. Porque os pobres, sempre os tendes convosco e, quando quiserdes, podeis fazer-lhes bem, mas a mim nem sempre me tendes. Ela fez o que pôde: antecipou-se a ungir-me para a sepultura. Em verdade

[10] Walter J. Burghardt. *Tell the next generation.* Nova York: Paulist Press, 1980, p. 43.

vos digo: onde for pregado em todo o mundo o evangelho, será também contado o que ela fez, para memória sua.

Marcos 14:3-9

Que gesto mais lindo e impulsivo de gratidão! Pela avaliação humana foi uma coisa tola e desperdiçadora de se fazer. Contudo, Jesus ficou tão profundamente comovido que quis que a história da impulsividade dessa mulher fosse contada e recontada ao longo das gerações até o fim dos tempos.

Obviamente, Jesus está dizendo aqui que existe lugar real para o impulsivo e o espontâneo, o generoso e o não estritamente necessário, o heroico e o extraordinário, as incontroláveis e incalculáveis explosões de generosidade que clamam: "É justo render-lhe graças e louvor". Ainda assim, nossa gratidão a Jesus é em sua maior parte o serviço não celebrado que prestamos aos que nos rodeiam. "Em verdade vos afirmo que, sempre que o fizestes a um destes meus pequeninos irmãos, a mim o fizestes" (Mt 25:40).

Embora Cristo não se mova mais de forma visível entre nós, ministramos a ele nos maltrapilhos que estão ao nosso alcance. Cada encontro com um irmão ou irmã é um misterioso encontro com o próprio Jesus. No cenáculo, o Homem que era em tudo como nós, menos na ingratidão, expôs claramente a estratégia da gratidão: "Amai uns aos outros assim como eu vos amei". A Pedro na praia do mar de Tiberíades: "Se tu me amas, Simão filho de João, apascenta as minhas ovelhas". De forma muito simples, nossa profunda gratidão a Jesus Cristo não é manifestada no ato de sermos castos, honestos, sóbrios e respeitáveis, nem frequentadores de igreja, carregadores de Bíblia e cantores de salmos, mas em nosso profundo e delicado respeito uns pelos outros.

Cada adoração de domingo é subordinada à reconciliação com os outros. "Portanto, se trouxeres a tua oferta ao altar e aí te lembrares de que teu irmão tem alguma coisa contra ti, deixa ali diante do altar a tua oferta, e vai reconciliar-te primeiro com teu irmão, e depois vem, e apresenta a tua oferta" (Mt 5:23,24; ARC). A adoração, o culto e a religião em geral não têm qualquer autonomia absoluta diante de Jesus. Deus é um Ser para os outros, não apenas um Deus para si mesmo. "A adoração cultual não é apenas hipócrita, mas também absolutamente sem significado, se não é acompanhada de amor pelos outros; pois do contrário não tem como ser um meio de dar graças a Deus."[11]

O ministério da evangelização é uma extraordinária oportunidade de demonstrar gratidão a Jesus no ato de repassar seu evangelho da graça para os outros. Entretanto, o método "conversão por concussão", caracterizado por martelada após martelada de Bíblia, delata um desrespeito básico pela dignidade do outro, e é completamente estranho ao imperativo do evangelho de darmos testemunho. Evangelizar uma pessoa é dizer a ela: você também é amado(a) por Deus no Senhor Jesus. E não apenas dizer mas realmente achar isso e amarrar isso no relacionamento com esse homem ou essa mulher de forma que eles possam senti-lo. É isso que significa anunciar a Boa-Nova. *Isso, porém, só se torna possível oferecendo à pessoa a sua amizade;* uma amizade real, altruísta, sem condescendência, cheia de confiança e estima profunda.

O filme *Amadeus* é uma obra notável que focaliza duas figuras poderosas e contrastantes, Salieri, compositor da corte do Imperador, e Wolfgang Amadeus Mozart, o impetuoso e presunçoso jovem gênio. "Alguém descreveu sua vida como vinho, mulheres e canto. E ele não cantava muito."[12]

O limitado e sem inspiração Salieri vive em exasperada inveja do talento ilimitado que Deus concedeu a Mozart. Ainda assim,

---

[11] Jon SOBRINO. *Christology at the crossroads, A Latin American approach.* Maryknoll: Orbis Books, 1978, p. 171.
[12] Walter BURGHARDT. *Grace on crutches,* p. 43.

depois de cada trabalhosa partitura que compõe, Salieri murmura *Grazie, Signore* — Obrigado, Senhor. Essa canção de Salieri está no coração da nossa resposta à graciosidade de Deus e ao evangelho da graça.

"*Grazie, Signore*, pois teus lábios contorceram-se a fim de ajustar-se ao meu ser pecaminoso, por julgar-me não pelas minhas parcas boas obras mas pelo teu amor que é tua dádiva para mim, por teu insuportável perdão e infinita paciência para comigo, por outros que têm dons maiores do que eu e pela honestidade de reconhecer que sou um maltrapilho. Quando a última cortina cair e me chamares para casa, sejam minhas últimas palavras murmuradas nesta terra um clamor de corpo e alma: *Grazie, Signore*".

CAPÍTULO SETE

BIJUTERIAS E PASTÉIS DE VENTO

A graça falsificada é tão comum quanto peles falsas, antiguidades forjadas, bijuterias e pastéis de vento. A tentação do momento é aparência sem conteúdo. Se "mentiras brancas" fossem crime, estaríamos todos na cadeia antes do anoitecer. Foi preciso muita cooperação para criar-se uma atmosfera na qual os grandes escândalos dos televangelistas de Charlotte e Baton Rouge tornaram-se possíveis. A dicotomia entre o que dizemos e o que fazemos é tão predominante na Igreja e na sociedade que acabamos realmente acreditando em nossas ilusões e racionalizações, e agarramo-nos a elas junto ao peito como a ursinhos de pelúcia favoritos.

O escândalo do Departamento Nacional de Moradia e Desenvolvimento urbano,* que abalou a capital norte-americana no ano passado, levou Meg Greenfield a escrever na revista *Newsweek*: "O que é particularmente cínico neste caso é que gente que fez sua carreira (e uma carreira, a propósito, muito bem-sucedida) perseguindo ostensivamente a corrupção, a má gestão e a incompetência

---

*Num período de décadas, cerca de sete bilhões de dólares foram defraudados da verba destinada a casas populares nos Estados Unidos; o escândalo veio à tona durante a administração de Ronald Reagan. (N. do T.)

quase criminosa que de fato afligem certos grandes ramos do governo, juntou-se ao lado oposto. O escândalo do Departamento Nacional de Moradia mostrou-se particularmente deplorável por ser crime cometido de dentro, e por ser de forma tão evidente uma traição dos próprios valores aos quais a sua administração havia jurado completa lealdade".

Os impostores do Espírito sempre preferem as aparências à realidade. A racionalização começa com uma olhada no espelho. Não gostamos da visão do que realmente somos, por isso recorremos a cosméticos, a maquiagem, à luz correta e aos acessórios adequados que gerem uma imagem aceitável de nós mesmos. Valemo-nos de um elegante disfarce para projetar uma imagem positiva de nós mesmos — ou pelo menos uma imagem diferente daquilo que realmente somos. O autoengano financia nossa pecaminosidade e nos impede de nos enxergarmos como realmente somos: maltrapilhos.

Uma de minhas lembranças mais indeléveis diz respeito ao tempo em que eu era paciente de um centro de reabilitação numa cidadezinha ao norte de Mineápolis, em abril de 1975. O cenário era uma sala de recreação ampla e de dois andares na orla de uma colina com vista para um lago artificial. Vinte e cinco dependentes químicos estavam reunidos. Nosso líder era um experiente conselheiro, hábil terapeuta e membro veterano da equipe. Seu nome era Sean Murphy-O'Connor, mas ele normalmente anunciava sua chegada dizendo:

— É ele mesmo. Vamos trabalhar.

Sean mandou que um paciente chamado Max assumisse a "cadeira de interrogatório" no centro do grupo disposto em "U". Max, um homem franzino e de baixa estatura, era um cristão nominal, casado e com cinco filhos, proprietário e presidente de sua empresa, rico, afável e dotado de uma pose notável.

— Desde quando você tem bebido como um porco, Max? — Murphy-O'Connor havia começado o interrogatório.

— Isso é injusto — Max recolheu-se.

— Veremos. Quero saber da sua história com a bebida. Quanta cachaça por dia?

Max reacendeu seu cachimbo.

— Tomo dois Marys com os rapazes antes do almoço e dois Martins depois que o escritório fecha, às cinco. Depois...

— O que são Marys e Martins? — interrompe Murphy-O'Connor.

— Bloody Marys: vodca, suco de tomate, uma pitada de limão e de Worcestershire, um toque de extrato de pimenta vermelha; e martínis: gim, extrasseco, gelado com uma azeitona e uma espremida de limão.

— Obrigado, Mary Martin. Prossiga.

— Minha esposa gosta de um *drink* antes do jantar. Viciei-a em Martins há muitos anos. Claro que ela os chama de "aperitivos", — sorriu Max. — Vocês naturalmente entendem o eufemismo, não é verdade, senhores?

Ninguém respondeu.

— Como eu ia dizendo, tomamos dois martínis antes do jantar e mais dois antes de dormir.

— Um total de oito *drinks* por dia, Max? — quis saber Murphy-O'Connor.

— Exatamente. Nem uma gota a mais nem a menos.

— Você é mentiroso.

Sem se abalar, Max explicou: — Vou fingir que não ouvi isso. Estou na ocupação há vinte e tantos anos e construí minha reputação em cima da honestidade, não da falsidade. As pessoas sabem que minha palavra é de confiança.

— Já chegou a esconder uma garrafa em casa? — perguntou Benjamim, um índio navajo do Novo México.

— Não seja ridículo. Tenho um bar na minha sala de estar maior que um traseiro de elefante. Nada pessoal, sr. Murphy-O'Connor.

Max sentia que havia recuperado o controle. Estava sorrindo.

— Você guarda bebida na garagem, Max?

— Naturalmente. Tenho de repor o estoque. Um homem na minha posição recebe muita gente em casa — o executivo arrogante havia reassumido.

— Quantas garrafas na garagem?

— Não sei dizer a quantidade exata. Assim de improviso eu diria dois engradados de Smirnoff, um engradado de gim Beefeater, algumas garrafas de bourbon e de uísque e um punhado de licores.

O interrogatório prosseguiu por mais vinte minutos. Max eximia-se e esquivava-se, minimizava, racionalizava e justificava o seu hábito de beber. Finalmente, apanhado por um implacável interrogatório cruzado, ele admitiu que guardava uma garrafa de vodca no criado-mudo, uma garrafa de gin na mala para fins de viagem, outra no banheiro para fins medicinais e três mais no escritório para ter o que oferecer aos clientes. Ele trejeitava ocasionalmente, mas nunca perdia sua postura confiante.

— Senhores — sorriu Max —, acho que todos nós já nos demos o direito de dourar a pílula uma vez ou outra nesta vida — foi como ele colocou, dando a entender que apenas homens de envergadura podiam dar-se ao luxo de rir de si mesmos.

— Você é mentiroso — ecoou outra voz.

— Não é preciso ficar vingativo, Charlie — retrucou Max. — Lembre-se da passagem do Evangelho de João sobre o cisco no olho do seu irmão e a viga no seu. E aquela outra em Mateus sobre o roto falando do rasgado.

(Senti-me compelido a informar Max que a comparação entre o cisco e a tábua não se encontrava no Evangelho de João, mas no de Mateus, e que a história do roto e do rasgado era um provérbio secular que não constava nos Evangelhos. Senti, porém, que um espírito de presunção e um ar de superioridade espiritual haviam me envolvido de repente como um nevoeiro. Decidi abrir mão da correção fraternal. Afinal, eu não estava em Hazelden fazendo uma pesquisa para um livro. Eu era apenas um bêbado incorrigível como Max.)

— Tragam-me um telefone — disse Murphy-O'Connor.

Um telefone foi trazido num carrinho para a sala. Murphy-O'Connor consultou um bloco de notas e discou um número interurbano — para a cidade de Max. O receptor era amplificado eletronicamente, de modo que a pessoa do outro lado da linha podia ser ouvida claramente por todos no salão do lago.

— Hank Shea?

— Ele mesmo. Quem está falando?

— Meu nome é Sean Murphy-O'Connor. Sou conselheiro de um centro de reabilitação de drogas e álcool no Meio-Oeste. Você se recorda de um cliente chamado Max? (Pausa) Ótimo. Com a permissão da família dele estou pesquisando a história de Max com a bebida. Como você trabalha como *barman* nesse lugar todas as tardes, fiquei pensando se você saberia me dizer aproximadamente quantos *drinks* o Max consome diariamente.

— Conheço o Max muito bem, mas você tem certeza de que tem permissão para me interrogar?

— Tenho uma declaração assinada. Pode falar.

— Max é um cara fantástico. Gosto demais dele. Ele despeja trinta contos no balcão toda tarde. O Max toma os seus seis martínis básicos, compra mais uns *drinks* e sempre me deixa uma gorjeta de cinco dólares. Grande sujeito.

Max pôs-se de pé num salto. Erguendo a mão direita desafiadoramente, ele despejou um caudal de palavrões digno de um estivador. Ele atacou os ancestrais de Murphy-O'Connor, colocou em dúvida a legitimidade de Charlie e a integridade de toda a unidade de tratamento. Ele agarrou-se ao sofá e cuspiu no tapete.

Então, num feito notável, recuperou imediatamente a compostura. Max sentou-se e observou sem qualquer afetação que até mesmo Jesus havia perdido a paciência no Templo ao ver os saduceus comercializarem pombas e bolos. Depois de uma prédica improvisada sobre a ira justificada, ele reabasteceu o seu cachimbo, imaginando que o interrogatório havia terminado.

— Você já tratou mal algum dos seus filhos? — Fred perguntou.

— Fico feliz que você tenha levantado esse assunto, Fred. Tenho uma profunda ligação com meus quatro garotos. No último dia de Ação de Graças levei-os para uma expedição de pescaria nas Rochosas. Quatro dias de vida dura no mato. Foi memorável. Dois de meus filhos formaram-se em Harvard, você sabe, e Max Jr. está no terceiro ano da...

— Não foi o que eu perguntei. Pelo menos uma vez na vida todo pai trata mal um de seus filhos. Tenho 62 anos e posso assegurar que é assim. Agora dê-nos um exemplo específico.

Seguiu-se uma longa pausa. Finalmente:

— Bem, fui um tanto duro com minha filha de 9 anos na última véspera de Natal.

— O que aconteceu?

— Não lembro. Apenas fico com uma sensação de pesar quando penso nisso.

— Onde aconteceu? Quais eram as circunstâncias?

— Espere aí um minuto — a voz de Max ergueu-se com fúria. — Já disse que não lembro. Só não consigo me livrar dessa sensação ruim.

Sem alarde, Murphy-O'Connor discou mais uma vez para a cidade de Max e falou com a esposa dele.

— Sean Murphy-O'Connor falando, minha senhora. Estamos no meio de uma terapia de grupo e seu marido acaba de contar que tratou mal sua filha na véspera do Natal passado. A senhora poderia fornecer os detalhes, por favor?

Uma voz suave encheu a sala.

— Sim, posso contar-lhe a coisa toda. Parece que foi ontem. Nossa filha Debbie queria um par de sapatos de presente de Natal. Na tarde de 24 de dezembro meu marido levou-a de carro até a cidade, deu-lhe sessenta dólares e disse que ela comprasse o melhor par de sapatos que houvesse na loja. Foi exatamente o que ela fez. Quando entrou novamente na caminhonete que meu marido estava dirigindo, ela beijou-o no rosto e disse que ele era o melhor pai do mundo. Max estava orgulhoso como um pavão e decidiu celebrar no caminho de volta para casa. Ele parou no *Cork'n' Bottle*, um bar que fica a alguns quilômetros da nossa casa, e disse a Debbie que voltava já. Era um dia limpo e extremamente frio, cerca de vinte graus abaixo de zero, por isso Max deixou o motor funcionando e fechou as portas do lado de fora de modo que ninguém pudesse entrar. Isso era um pouco depois das três da tarde, e...

Silêncio.

— Sim?

O som de uma respiração pesada encheu a sala de recreação. A voz esmoreceu. Ela estava chorando.

— Meu marido encontrou no bar alguns velhos colegas do exército. Envolvido na euforia da reunião, ele perdeu a noção de tempo, de propósito e de tudo o mais. Ele saiu do *Cork'n' Bottle* à meia-noite. Bêbado. O motor havia parado de funcionar e as janelas do carro estavam bloqueadas com o gelo. Debbie tinha graves ulcerações de frio nas orelhas e nos dedos da mão. Quando a levamos ao hospital, os médicos tiveram de operar. Amputaram o polegar e o indicador da mão direita. Ela vai ficar surda pelo resto da vida.

Max parecia estar tendo um ataque do coração. Ele lutava para manter-se de pé, fazendo movimentos desajeitados e descoordenados. Os óculos voaram para a direita e o cachimbo para a esquerda. Ele caiu de quatro, soluçando histericamente.

Murphy-O'Connor levantou-se e disse suavemente:

— Vamos circulando.

Vinte e quatro alcoólicos e viciados subiram a escadaria de oito degraus. Viramos à esqueda, reunimo-nos ao longo da amurada do mezanino e olhamos para baixo. Ninguém consegue esquecer o que viu naquele dia, 24 de abril, exatamente ao meio-dia. Max ainda estava de quatro. Seus soluços haviam crescido a berros. Murphy-O'Connor aproximou-se dele, pressionou seu pé contra o tórax de Max e empurrou. Max rolou de costas no chão.

— Seu canalha miserável — urrou Murphy-O'Connor. — Tem uma porta a sua direita e uma janela a sua esquerda. Tome o que for mais rápido. Saia daqui antes que eu vomite. Não dirijo um centro de reabilitação para mentirosos.

A filosofia do amor duro está baseada na convicção de que nenhuma recuperação efetiva pode ser iniciada até que o homem admita que é impotente diante do álcool e que a vida tornou-se ingovernável. A alternativa a encarar a verdade é sempre uma forma de autodestruição. Para Max havia três opções: a insanidade eventual, a morte prematura ou a sobriedade. Para libertar o cativo é preciso dar um nome ao cativeiro. A negação de Max teve de ser revelada por meio de uma interação implacável com seus companheiros. Seu autoengano teve de ser desmascarado em todo o seu absurdo.

Mais tarde naquele dia Max implorou e obteve permissão para continuar o tratamento. Ele acabou experimentando a mais impressionante mudança de personalidade que já testemunhei. Max tornou-se transparente e mais aberto, sincero, vulnerável e afetuoso que qualquer homem do grupo. O amor duro tornou-o real e a verdade o libertou.

O desfecho da história: na noite anterior ao dia em que Max completou seu tratamento, Fred passou pelo quarto dele. A porta estava aberta. Max estava sentado a sua escrivaninha lendo um romance chamado *Watership down*. Fred bateu e entrou. Por diversos momentos Max permaneceu sentado olhando para o livro. Quando levantou os olhos, sua face estava marcada de lágrimas.

— Fred — ele disse roucamente —, acabo de orar pela primeira vez em minha vida.

Max estava no caminho do conhecimento de Deus.[1]

Existe uma conexão íntima entre a busca de honestidade e uma personalidade transparente. Max não podia ter um encontro com o Deus vivo até ver-se face a face com o seu alcoolismo. Na perspectiva bíblica, Max era um mentiroso. Na filosofia, o oposto da verdade é o engano; na Escritura, o oposto da verdade é a mentira. A mentira de Max consistia em parecer algo que não era — alguém que bebia apenas socialmente. A verdade para ele significava reconhecer a realidade — sua condição de alcoólico.

O Satanás é um grande ilusionista. Ele encobre a verdade e encoraja a desonestidade. "Se dissermos que não temos pecado nenhum, a nós mesmos nos enganamos, e a verdade não está em nós" (1Jo 1:8). Satanás nos estimula a dar importância ao que não tem importância alguma. Ele reveste trivialidades com *glitter* e nos seduz para longe do que é real. Ele nos leva a viver num mundo de engano, irrealidade e sombras.

Jean Danielou escreveu: "A verdade consiste no ato de a mente dar às coisas a importância que têm na realidade".

---

[1] Desenvolvi este acontecimento real de modo diverso em meu *Gentle revolutionaries*.

O incontestavelmente Real é Deus. Quando Max confrontou e aceitou a verdade do seu alcoolismo, entrou por uma porta que levaria ao reconhecimento da realidade soberana de Deus e exclamou: "acabo de orar pela primeira vez em minha vida".

O demônio meridiano da vida cristã é a tentação de perder o eu interior enquanto preservamos a casca externa de comportamento edificante. Descubro de repente que estou ministrando a vítimas da aids apenas para enriquecer meu currículo. Vejo-me renunciando a sorvete durante a quaresma porque preciso emagrecer uns quilinhos. Solto dicas sobre a absoluta prioridade da meditação e da contemplação para gerar a impressão que sou um homem de oração. Em algum momento não lembrado perdi a conexão entre a pureza interna de coração e as obras exteriores de devoção. No sentido mais humilhante da palavra, tornei-me um legalista. Caí vítima do que T. S. Eliot chama de "o maior pecado de todos": fazer a coisa certa pelo motivo errado.

"Guardai-vos dos escribas... os quais devoram as casas das viúvas e, para o justificar, fazem longas orações" (Mc 12:38,40). Jesus não tinha uma visão ingênua da oração. Ele sabia que ela podia ser falsificada por narcisismo espiritual, hipocrisia, verbosidade e sensacionalismo. O demônio meridiano não se deixa intimidar pelas fronteiras do tempo.

A carta de Tiago aconselha: confessem seus pecados uns aos outros (5:16). Essa saudável prática nos guia a aceitarmos nosso *status* de maltrapilhos, mas como observou Dietrich Bonhoeffer: "Aquele que está sozinho com seus pecados está absolutamente sozinho. Pode acontecer que os cristãos, apesar da adoração corporativa, da oração comunitária e de toda sua comunhão no serviço, sejam ainda assim relegados a sua solidão. A reviravolta final na comunhão acaba não acontecendo porque, embora experimentem comunhão uns com os outros como cristãos e devotos, não experimentam a comunhão como não devotos, como pecadores. A comunhão devota não permite que ninguém seja pecador. Todos devem portanto esconder seu pecado de si mesmos e da sua comunhão. Não ousamos ser pecadores. Muitos cristãos sentem-se inimaginavelmente horrorizados quando um verdadeiro pecador é de repente descoberto entre os justos. Permanecemos assim sozinhos com nosso pecado, vivendo em mentiras e hipocrisia. O fato é que somos pecadores".[2]

Na adoração de domingo, como em toda dimensão da nossa existência, muitos de nós *fingimos acreditar* que somos pecadores. Consequentemente, tudo que podemos fazer é fingir acreditar que fomos perdoados. Como resultado, toda nossa vida espiritual é pseudoarrependimento e pseudobem-aventurança.

O apelo da bijuteria e dos pastéis de vento é poderoso. Um pequeno investimento em decoro e boas obras gera recompensas na comunidade da fé — adulação e louvor. Adicionada a uma personalidade carismática e uma aparência atraente, a hipócrita pode render um apartamento de 640 mil dólares nas Trump Towers, um diamante de noventa mil dólares da Tiffany's e frequentes voos de Concorde para a Europa.

O futuro espiritual dos maltrapilhos consiste não em negar que somos pecadores, mas em aceitar essa verdade com clareza crescente, regozijando-nos no incrível anseio de Deus de nos resgatar a despeito de tudo. C. S. Lewis escreveu: "Pode ser que a salvação não consista no cancelamento desses momentos eternos, mas na humildade aperfeiçoada que carrega a culpa para sempre, regozijando-se na oportunidade provida para a compaixão de

---

[2] Dietrich BONHOEFFER. *Life together.* San Francisco: Harper & Row, 1954, citado em Bob e Michael Benson, *Disciplines for the inner life.* Waco.: Word Books, 1985, p. 60. Um livrinho útil de leituras bíblicas pontuadas por textos de líderes espirituais, projetado para aprofundar a vida interior.

Deus e satisfeita que tudo seja de conhecimento comum de todo o universo. Talvez naquele momento eterno Pedro — ele me perdoará se eu estiver errado — negue para sempre o seu Mestre. Se for assim, seria de fato verdade que os prazeres do céu são, para a maior parte de nós, em nossa presente condição, gosto adquirido — e que certos modos de vida podem tornar impossível adquirir o gosto pela coisa. Talvez os perdidos sejam os que não ousam adentrar um local tão público".[3]

Biblicamente falando, não há nada mais detestável do que um discípulo com justiça própria. Ele é tão cheio de si que sua mera presença é insuportável. Surge, no entanto, uma questão incômoda. Será que não me isolei na fortaleza das minhas racionalizações de tal modo que não sou capaz de enxergar que posso não ser tão diferente de alguém com justiça própria quanto gostaria?

O seguinte cenário provoca minha imaginação:

Uma mulher humilde me procura por causa da minha exaltada reputação como guia espiritual. Ela é simples e direta:

— Por favor, ensine-me a orar.

— Fale-me sobre sua vida de oração — pergunto, sucintamente.

Ela baixa os olhos e diz contritamente:

— Não há muito que dizer. Eu oro antes das refeições.

Arrogantemente, eu replico:

— Ora antes das refeições? Mas isso não é demais, minha senhora? Eu oro quando acordo e antes de me recolher, e oro novamente antes de ler o jornal e de ligar a televisão. Oro antes de caminhar e de meditar, antes do teatro e da ópera, antes de correr, antes de nadar, de andar de bicicleta, de jantar, de palestrar e de escrever. Oro até mesmo antes de orar.

[3] C. S. Lewis. *The problem of pain*. Nova York: MacMillan, p. 49-50.

Naquela noite, transbordando de autoaprovação, vou à presença do Senhor. E ele sussurra:

— Seu joão-ninguém ingrato. Até o desejo de orar é dom meu.

Há uma antiga lenda cristã que conta: "Quando o Filho de Deus foi pregado à cruz e entregou o espírito, foi diretamente da cruz ao inferno para libertar todos os pecadores que estavam sendo atormentados ali. O Diabo então chorou e lamentou porque achava que não conseguiria mais pecadores para o inferno. Deus então disse a ele: 'Não chore, porque vou mandar até você toda aquela gente santa que se tornou complacente com a consciência da sua bondade e cheia de justiça própria na sua condenação dos pecadores. E o inferno ficará repleto mais uma vez por gerações, até que eu venha novamente".[4]

Quanto tempo será necessário até que descubramos que não somos capazes de ofuscar a Deus com nossas realizações?

Quando reconheceremos que não precisamos e não temos como comprar o favor de Deus?

Quando reconheceremos que não temos de forma alguma os requisitos necessários e aceitaremos alegremente o dom da graça? Quando iremos apreender a empolgante verdade de Paulo: "sabendo, contudo, que o homem não é justificado por obras da lei, e sim mediante a fé em Cristo Jesus?" (Gl 2:16).

A fé autêntica nos leva a tratar os outros com seriedade incondicional e a uma reverência amorosa pelo mistério da personalidade humana. O cristianismo autêntico deveria conduzir à maturidade, à personalidade e à realidade. Deveria moldar homens e mulheres que vivam integralmente vidas de amor e de comunhão.

[4] Anthony de MELLO. *The song of the bird*. Anand, India: Gujaret Sahitya Prakash, distribuído por Chicago: Loyola University Press, 1983, p. 130.

A religião falsa e manipulada produz o efeito oposto. Quando a religião demonstra desdém e desrespeita os direitos das pessoas, mesmo alegando os pretextos mais nobres, ela nos afasta da realidade e de Deus. Podemos aplicar "linguagem reversa" à religião, e fazer da religião uma fuga da religião.

O Evangelho de João mostra que os líderes religiosos de Israel estavam preocupados com Jesus.

Então, os principais sacerdotes e os fariseus convocaram o Sinédrio; e disseram: Que estamos fazendo, uma vez que este homem opera muitos sinais? Se o deixarmos assim, todos crerão nele; depois, virão os romanos e tomarão não só o nosso lugar, mas a própria nação. Caifás, porém, um dentre eles, sumo sacerdote naquele ano, advertiu-os, dizendo: Vós nada sabeis, nem considerais que vos convém que morra um só homem pelo povo e que não venha a perecer toda a nação (Jo 11:47-50).

Algo terrível aconteceu a Caifás. A religião abandonou o domínio do respeito pela pessoa. Para Caifás o sagrado tornou-se instituições, estruturas e abstrações. Ele dedica-se ao povo, de modo que indivíduos de carne e osso são dispensáveis. Caifás dedica-se à nação. Mas a nação não sangra como Jesus. Ele dedica-se ao Templo — impessoais cimento e pedras. Caifás tornou-se impessoal ele mesmo, não mais um ser humano caloroso, mas um robô, tão rígido e inflexível quanto seu mundo imutável.

A escolha normalmente apresentada aos cristãos não é entre Jesus e Barrabás. Ninguém quer se identificar com quem é tão obviamente um assassino. A escolha com a qual temos de ser cuidadosos é entre Jesus e Caifás. E Caifás nos engana. Ele é um homem muito "religioso".

O espírito de Caifás é mantido vivo em todos os séculos nos burocratas religiosos que condenam sem hesitação gente boa que quebrou leis religiosas ruins. Sempre por uma boa razão, é claro:

pelo bem do templo, pelo bem da igreja. Quanta gente sincera já foi banida da comunidade cristã por religiosos ávidos de poder com um espírito tão entorpecido quanto o de Caifás?

O espírito embotador da hipocrisia vive nos clérigos e políticos que desejam ter uma boa imagem sem serem de fato bons; vive nas pessoas que preferem entregar o controle das suas vidas a regras a correr o risco de viver em união com Jesus.

Eugene Kennedy escreve: "O demônio habita na ânsia de controlar em vez de libertar a alma humana. É praticamente impossível viver esses anos finais do século 20 sem perceber a forma como as forças do controle se arrebanharam (...) Estamos numa floresta sombria que atemorizados líderes religiosos e políticos querem nos forçar a atravessar em fila indiana pela sua trilha exclusiva de integridade. Eles querem nos intimidar, querem deixar-nos apavorados, de modo que lhes entreguemos ainda mais nossa alma. Jesus via essas forças obscuras como os corruptores da natureza essencial da religião no seu tempo. Não são menos do que isso tantos séculos depois".[5]

O modo como somos uns com os outros é o teste mais verdadeiro de nossa fé: Como trato um irmão ou irmã no dia a dia, como reajo ao bêbado marcado pelo pecado na rua, como respondo a interrupções de pessoas de que não gosto, como lido com gente normal em sua confusão normal num dia normal podem ser melhor indicação da minha reverência pela vida do que um adesivo contra o aborto preso ao para-choque do meu carro.

Não somos a favor da vida apenas porque evitamos a morte. Somos a favor da vida à medida que somos homens e mulheres para os outros, todos os outros; à medida que somos capazes de

---

[5] Eugene KENNEDY. *The choice to be human*, p. 8,9. O livro de Kennedy, que traz o subtítulo *Jesus alive in the Gospel of Matthew*, está entre os dez melhores livros que li nos últimos dez anos.

tocar a mão de outro num gesto de amor; à medida que para nós não existam "outros".[6]

Hoje em dia o perigo da posição contrária ao aborto, posição que apoio energicamente, é que ela é assustadoramente seletiva. Os direitos do não nascido e a dignidade do exaurido pela velhice são peças da mesma trama em favor da vida. Choramos diante da injustificada destruição do não nascido. Será que choramos também quando o noticiário vespertino anunciou que uma família negra do Arkansas havia sido eliminada a balas da sua vizinhança branca?

Certa manhã experimentei um momento terrível. Tentei lembrar quantas vezes entre 1941 e 1988 eu havia chorado por um alemão ou por um japonês, por um norte-coreano ou por um norte-vietnamita, por um sandinista ou por um cubano. Não lembrei uma vez sequer. Então chorei, não por eles, mas por mim mesmo.

Quando louvamos a vida e maldizemos os favoráveis ao aborto, nossa credibilidade como cristãos torna-se questionável. Por um lado apregoamos todo o amor e a angústia, a dor e a alegria que envolvem a feitura de uma única criança. Apregoamos como cada vida é preciosa para Deus e deveria ser para nós. Por outro lado, quando é o inimigo que grita para o céu com sua carne em chamas, nós não choramos, não nos envergonhamos: pedimos mais.

O judeu sensível recorda-se da Idade Média: cada gueto estruturado por cristãos; cada batismo forçado, cada programa de Sexta-feira Santa, cada retrato de Shylock exigindo sua libra de carne,* cada traje ou chapéu ou insígnia identificadora, cada morte

---

[6] Brennan MANNING. *The wisdom of accepted tenderness.* Denville: Dimension Books, 1978, p. 55.

*O agiota judeu Shylock, da peça *O mercador de Veneza*, de Shakespeare, assenta com seu antagonista um contrato que prescreve a multa de uma libra de carne do devedor. Quando o empréstimo não é pago, ele não hesita em levar o caso ao tribunal. (N. do T.)

por causa da consciência, cada volver de costas ou dar de ombros, cada zombaria ou tapa ou maldição.

Tendo sua trágica história como pano de fundo, não é de admirar que muitos judeus não se deixem impressionar com nosso posicionamento contra o aborto e com nossos argumentos em favor da santidade da vida. Pois eles ouvem ainda os gritos de "assassinos de Cristo!"; os sobreviventes de Auschwitz e Dachau sentem ainda os açoites em suas costas; veem as imagens de sabão humano, sentem ainda a fome, cheiram ainda o gás. A história do judaísmo é uma história de dedicação; eles não estão certos da nossa dedicação a eles.

A posição a favor da vida e contrária ao aborto é um traje de uma peça só de reverência pelo não nascido e pelo exaurido pela velhice, pelo inimigo, pelo judeu e pela qualidade de vida de todos. Do contrário é bijuteria e pastel de vento.

Uma rigorosa honestidade conosco produz alívio. É interessante notar que quando os evangelistas Marcos, Lucas e João mencionam os apóstolos, eles chamam o autor do primeiro Evangelho de Levi ou de Mateus. Mas em seu próprio Evangelho ele sempre refere-se a si mesmo como "Mateus, o publicano", sem querer jamais esquecer quem foi e sempre tentando lembrar quão baixo Jesus desceu para recolhê-lo.

Somos publicanos como Mateus.

A honestidade simplesmente pergunta se estamos abertos, dispostos e se somos capazes de reconhecer essa verdade. A honestidade põe um fim no faz de conta por meio de um franco reconhecimento de nossa frágil humanidade. É sempre desagradável, e com frequência doloroso, e é por isso que não somos muito bons nisso. Mas sustentar a verdade diante de Deus e uns dos outros tem uma recompensa única. Sei algo extremamente precioso. Estou em contato comigo mesmo como sou. Minha tendência de bancar o pseudo-messias é torpedeada.

À medida que rejeito minha identidade de maltrapilho, dou as costas a Deus, à comunidade e a mim mesmo. Torno-me um homem obcecado por uma ilusão, um homem de falso poder e terrível fraqueza, incapaz de pensar, de agir, de amar.

Gerald May, psiquiatra cristão de Washington D.C., escreve: "A honestidade diante de Deus requer o risco de fé mais fundamental que podemos assumir: o risco de Deus ser bom, de Deus de fato nos amar incondicionalmente. É assumindo esse risco que redescobrimos nossa dignidade. Levar a verdade sobre nós mesmos, tal como somos, para Deus, tal como Deus é, é a coisa mais nobre que podemos fazer nesta vida".[7]

Senhor Jesus, somos ovelhas tolas que ousaram pôr-se de pé na tua presença e tentar subornar-te com nossos ridículos *portfólios*. De repente caímos na real. Sentimos muito e pedimos que nos perdoes. Dá-nos a graça de admitir que somos maltrapilhos, de abraçar nossa condição de alquebrados, de celebrar tua misericórdia quando estivermos em nosso momento de maior fraqueza, de depender da tua misericórdia não importa o que façamos. Querido Jesus, concede que deixemos de nos exibir e de tentar receber atenções, que coloquemos a verdade em prática de modo sereno e sem afetação, que deixemos dissiparem-se as desonestidades de nossa vida, que aceitemos nossas limitações, que nos apeguemos ao evangelho da graça e nos deleitemos no teu amor. Amém.

[7] Gerald G. MAY. *Addiction and grace*, p. 169.

CAPÍTULO OITO

LIBERDADE DO MEDO

No incomparável romance de Dostoiévski, *Os irmãos Karamazovi*, a acusação desfechada pela Igreja, na figura do Grande Inquisidor, contra Jesus, que voltou à terra, é: "Por que vieste nos atrapalhar?"

Depois de 1.500 anos a igreja institucional, em vez de proclamar Jesus, o havia superado. Tradições eclesiásticas e leis humanas haviam usurpado Jesus, e a Igreja vivia do sucesso de sua engenhosidade.

Havia luz e verdade em demasia em Jesus. Sua palavra, "Conhecereis a verdade, e a verdade vos libertará", era intolerável. Os anciãos decidiram que homens e mulheres eram simplesmente incapazes de serem livres; dessa forma a Igreja atribuiu a si mesma a função de proteger as almas confiadas a ela, proteção a ser prescindida apenas quando absolutamente necessário. Pessoas comuns não seriam capazes de suportar o fardo da liberdade, pelo que a Igreja retirou-o delas, para o seu próprio bem. As pessoas apenas usariam e abusariam dele de qualquer forma. Libertas da ansiedade e do tormento da decisão pessoal e da responsabilidade, as pessoas podiam sentir-se seguras e felizes na obediência à autoridade.

"'As pessoas ficarão impressionadas conosco', o Grande Inquisidor diz a Jesus, 'e pensarão em nós como deuses, porque nós, que nos dispusemos a liderá-las, estamos prontos a suportar a liberdade, essa liberdade da qual elas fogem com horror; e porque estamos prontos a exercer domínio sobre elas — de modo que no final ser livre parecerá para elas coisa terrível. Mas nós diremos que estamos te obedecendo e governando apenas em teu nome. Igualmente nós as estaremos traindo, pois não deixaremos que tenhas mais qualquer coisa a ver conosco'. De fato, 'Por que vieste nos atrapalhar?' O Grande Inquisidor quer pegar esse Jesus que veio novamente, trazendo liberdade novamente, e queimá-lo como herege em nome da Igreja".[1]

A questão torna-se não "O que Jesus diz?", mas "O que a Igreja diz?"* Essa pergunta ainda é feita hoje em dia.

É triste mas é verdade: os cristãos querem ser escravos. É mais fácil deixar os outros tomarem as decisões ou apoiar-se na letra da lei.

Ressurreto dos mortos, Jesus permanece presente na comunidade dos discípulos como o caminho da liberdade. O reino de Deus é um reino de liberdade. Jesus nos convida e desafia a adentrar esse reino, a percorrer a estrada real da liberdade, a sermos libertos pelo amor do Pai. Ele chama maltrapilhos de todos os lugares à liberdade do medo da morte, à liberdade do medo da vida e à liberdade da ansiedade a respeito da nossa salvação.

---

[1] Hans KÜNG. *Freedom today*. Nova York: Sheed and Ward, 1966, p. 36-7. A passagem de *Os irmãos Karamazovi* foi citada ali.

*Essa pergunta era frequentemente colocada a mim por católicos a respeito do meu casamento em 1982. A lei diz que um padre ordenado não pode casar-se. Embora eu discorde da lei, defendo energicamente o direito da igreja de requerer celibato obrigatório para o clero ordenado. Com vigor idêntico rejeitei o veredicto eclesiástico de que Roslyn e eu estamos vivendo em adultério. Mais uma vez, uma lei humana tenta suplantar uma lei divina.

Uma das mais belas linhas que já li vem do Irmão Roger, prior dos monges protestantes de Taize, na França. "Certo de sua salvação pela graça única de nosso Senhor Jesus Cristo".[2] É difícil para mim ler essas palavras sem que lágrimas encham meus olhos. É maravilhoso. Cristo levou sobre si os meus pecados, tomou meu lugar, morreu por mim, libertou-me do medo de trilhar o caminho da paz que conduz aos Doze Portões.

Infelizmente, muitos hoje em dia não experimentam o que Paulo chama em Romanos 8:21 de "a gloriosa liberdade dos filhos de Deus". O problema básico foi declarado no primeiro capítulo deste livro: nós aceitamos a graça na teoria mas não na prática. Viver pela graça em vez de pela lei leva-nos para fora da casa do medo e para o interior da casa do amor. "No amor não existe medo; antes, o perfeito amor lança fora o medo. Ora, o medo produz tormento; logo, aquele que teme não é aperfeiçoado no amor" (1Jo 4:18).

Embora professemos nossa fé no amor incondicional de Deus, muitos de nós vivem ainda em temor. Nouwen observa: "Perceba quantas perguntas 'se' nos levantamos: O que vou fazer se não conseguir um cônjuge, uma casa, um amigo, um benfeitor? O que vou fazer se for despedido, se ficar doente, se acontecer um acidente, se perder meus amigos, se meu casamento não der certo, se irromper uma guerra? E se amanhã amanhecer chovendo, e os ônibus estiverem em greve, ou se houver um terremoto? E se alguém roubar o meu dinheiro, invadir minha casa, violentar minha filha ou me matar?"[3]

---

[2] Brother Roger. *Parable of community*. Minneapolis: Seabury Press, 1980, p. 4.
[3] Henri J. M. Nouwen. *Lifesigns, intimacy, fecundity and ecstasy in Christian perspective*. Nova York: Doubleday, 1986, p. 38. Um excelente livro, que oferece a chave essencial para uma vida livre do domínio do medo.

Quando essas perguntas passam a guiar nossa vida, estamos refinanciando nossa hipoteca na casa do medo.

Jesus diz simplesmente: "Permanecei em mim, e eu permanecerei em vós" (Jo 15:4). Essa permanência não é uma mansão celeste na vida futura, mas um lugar seguro bem no meio do nosso mundo de ansiedade. "Se alguém me ama, guardará a minha palavra; e meu Pai o amará, e viremos para ele e faremos nele morada" (Jo 14:23).

O lar é um local sagrado — quer exterior quer interior — onde não temos de temer; onde estamos certos de encontrar hospitalidade e amor. Em nossa sociedade temos muitos sem-teto; não apenas nas ruas, nos abrigos e nos albergues, mas gente errante em fuga, que jamais está em casa consigo. Eles buscam abrigo no álcool e nas drogas ou segurança no sucesso, na competência, nos amigos, no prazer, na notoriedade, no conhecimento e talvez até num pouquinho de religião. Tornaram-se estranhos para eles mesmos, gente que tem um endereço, mas nunca está realmente em casa, que nunca ouve a voz do amor ou experimenta a liberdade dos filhos de Deus.

Para aqueles de nós em fuga, que têm medo de virar-se para não esbarrar em si mesmos, Jesus diz: "Você tem um lar. Eu sou o seu lar. Reivindique-me como seu lar. Você descobrirá que é um lugar íntimo onde fixei residência. Fica bem onde você está, no seu íntimo mais profundo... no seu coração".

O autor de Hebreus descreve Jesus como aquele que [livrou] todos que, pelo pavor da morte, estavam sujeitos à escravidão por toda a vida" (Hb 2:15). O evangelho da liberdade proclama que a morte é uma ilusão, um fantasma, o bicho-papão das criancinhas; a morte é simplesmente uma transição para a única experiência que merece ser chamada de *vida*.

Aqui reside a raiz da alegria e do júbilo cristãos. É o motivo pelo qual o teólogo Robert Hotchkins, da Universidade de Chicago,

pode insistir: "Os cristãos deveriam estar celebrando constantemente. Deveríamos estar ocupados com festas, banquetes, comemo-
rações e celebração. Deveríamos nos entregar a verdadeiras orgias
de alegria, porque fomos libertos do medo da vida e do medo da
morte. Deveríamos atrair pessoas para a igreja literalmente pelo
tanto que ser cristão é divertido". Infelizmente tornamo-nos às vezes sombrios, austeros e pomposos. Fugimos com vigor da liberdade
e carrancudamente enterramo-nos mais profundamente em nossas
trincheiras. Nas palavras de Teresa de Ávila, "poupa-nos, Senhor,
de tolas devoções e de santos de cara amarrada".

Desapontado e indignado, o Príncipe das Trevas esgueira-se até
o chalé dos discípulos deprimidos que fizeram em Jesus o seu lar e
prende na porta um ofício:

AVISO DE DESPEJO

Pela presente vocês estão banidos da Casa do Medo para sempre.

Com malícia premeditada vocês escandalosamente sonegaram
o aluguel mensal de culpa, ansiedade, medo, vergonha e autocondenação, recusando-se teimosamente a preocupar-se com a
sua própria salvação.

Já ouvi um inquilino desalentado comentar: "Esta já foi uma
vizinhança boa".

Sua liberdade do medo não é apenas perigosa; é contagiosa.
O valor dos imóveis despencou e investidores crédulos estão difíceis de encontrar.

Por quê?

Por causa da rejeição insensível e irresponsável da escravidão
por parte de vocês!

Uma praga sobre vocês e sobre todos os amantes iludidos da
liberdade!

O Príncipe

Devemos escolher entre Cristo e a Lei como autor da salvação. A liberdade vem por meio da fé em Jesus ou pela obediência à Torá? A questão é relevante. "Para a liberdade foi que Cristo nos libertou. Permanecei, pois, firmes e não vos submetais, de novo, a jugo de escravidão" (Gl 5:1). Judeus cristãos estavam ensinando que a salvação era impossível sem a observância da Lei de Moisés. Eles promoviam não apenas práticas supererrogatórias (práticas além das exigidas pela fé), mas outro evangelho (1:6) que distorcia o evangelho de Cristo (1:7).

Paulo está furioso em sua Epístola aos Gálatas. "Ó gálatas insensatos!" (3:1). O que está em jogo é a emancipação do cristianismo. Paulo é inflexível: "Sabendo que o homem não é justificado pelas obras da lei, mas pela fé em Jesus Cristo (...) porquanto pelas obras da lei nenhuma carne será justificada" (2:16; ARC). "E é evidente que, pela lei, ninguém será justificado diante de Deus, porque o justo viverá da fé" (3:11; ARC). "Cristo nos resgatou da maldição da lei, fazendo-se maldição por nós" (3:13; ARC).

Escrita no calor do momento, a carta é um ardente manifesto em favor da liberdade cristã. O chamado de Cristo em nossa vida é um chamado à liberdade. A liberdade é a pedra fundamental do cristianismo. Será que Paulo se mostraria menos inflamado hoje em dia diante das práticas da igreja cristã? Será que aqueles ainda aprisionados por velhas culpas, incapacitados pelo medo, exauridos pelos escrúpulos, ameaçados pelos legalistas e temerosos a respeito de sua salvação não mereceriam a mesma repreensão: "Maravilho-me de que tão depressa passásseis daquele que vos chamou à graça de Cristo para outro evangelho?" (1:6; ARC).

Com certeza já ouvimos que a liberdade não é desculpa para libertinagem. Talvez isso seja tudo que ouvimos a respeito da liberdade — o que ela *não é*. "Essa abordagem, a despeito da verdade limitada que possa conter, é defensiva e temerosa. Aqueles que acenam com ela querem acima de tudo advertir-nos dos perigos de pensar a respeito da liberdade, de ansiar por liberdade. Essa abordagem geralmente acaba demonstrando-nos, ou pelo menos tentando demonstrar, que a liberdade consiste, na verdade, em seguir a lei ou em submeter-se à autoridade ou em trilhar o caminho mais pisado. Por um lado, pode haver alguma verdade nessas conclusões, mas elas carecem de uma consciência do lado sombrio da lei, da autoridade e do caminho mais trilhado. Cada um desses pode ser e já foi usado como instrumento de tirania e de sofrimento humano".[4]

A que se assemelha a liberdade no Espírito? "Ora, o Senhor é o Espírito; e, onde está o Espírito do Senhor, aí há liberdade" (2Co 3:17).

A liberdade em Cristo produz uma saudável independência da pressão do grupo, da tentação de agradar e do cativeiro da reverência a seres humanos. A tirania da opinião pública pode acabar manipulando nossa vida. O que os vizinhos vão pensar? O que meus amigos vão pensar? O que as pessoas vão pensar? As expectativas dos outros podem exercer uma pressão sutil mas controladora no nosso comportamento.

Da mesma forma que o camaleão muda de cor de acordo com a época, o cristão que quer que todos pensem bem dele harmoniza-se e adapta-se a cada nova personalidade e situação. Sem uma autoimagem estável e duradoura, uma mulher pode oferecer aspectos radicalmente diferentes de si mesma para diferentes homens: ela pode ser devota com o pastor e sedutora com o chefe da repartição. Dependendo da companhia e das circunstâncias, um homem pode ser um servo de Deus de fala macia ou um bronco agressivo e boca

[4] Donald P. GRAY. *Jesus, the way to freedom*, p. 45.

suja. A continuidade de caráter está conspicuamente ausente de ambos os sexos.

"Parece que foi só ontem que começamos a escapar da armadura do caráter", escreve William Kilpatrick, "que foi apenas um momento atrás que começamos a experimentar com um espectro mais amplo de possibilidades, identidades e relacionamentos. Os balanços do pêndulo, no entanto, estão mais rápidos hoje em dia (...) e o pêndulo da formação da identidade já assumiu uma tendência exagerada em direção à fluidez e à experimentação e para longe da continuidade e da fidelidade".[5]

Em Cristo Jesus, a liberdade do medo capacita-nos a abrir mão do desejo de agradar, de modo que podemos nos mover livremente no mistério do que realmente somos. A preocupação em projetar uma imagem de "bom moço", em impressionar os novatos com nossa experiência e em depender intensivamente da aprovação dos outros gera inibição, síndrome crônica de pedestal e cativeiro no punho de ferro da reverência a seres humanos. Inconscientemente, podemos revestir a oração do fariseu com a fórmula do publicano. Para a maior parte de nós, é preciso muito tempo para que o Espírito de liberdade purifique-nos dos sutis anseios de sermos admirados por nossa estudada bondade. Requer-se um forte senso dos nossos eus redimidos para sermos capazes de deixar passar a oportunidade de parecermos graciosos e bons para os outros.

Dar esmolas provê uma dessas oportunidades, mas o aplauso que ouvimos pagará por completo nossa generosa oferta. É a consciência do bem que estamos fazendo, não a virtude, que traz sua própria recompensa.

"Mas quem será capaz de escapar de observar a si mesmo fazendo o bem num mundo em que até mesmo as igrejas que cultuam a Jesus

---

[5] William KILPATRICK. *Identity and intimacy*. Nova York: Sheed and Ward, 1975, p. 112.

dominam as técnicas de como deixar as pessoas embaraçadas para que façam ofertas de caridade? Como pode o ato de dar livremente, cego como a justiça equilibrando sua balança, sobreviver à lista impressa de contribuintes do pastor, à complexidade das ofertas dedutíveis do imposto de renda, às campanhas de motivação e aos bilhetes de rifa extorquidos de nós pelas pressões cavilosas da vergonha e da culpa? Nossos mecanismos de angariar fundos estão fundamentados numa avaliação dos nossos motivos que é tão clara e desanuviada como a de Jesus; estão engendrados em nosso coração como dispositivos biônicos e revelam uma imagem mista e não totalmente grosseira dos nossos impulsos de dar".[6]

A história dos centavos da viúva sugere que todas as melhores dádivas provêm dos corações amorosos de homens e mulheres que não estão tentando impressionar a ninguém, nem a eles mesmos, e que ganharam liberdade precisamente porque pararam de tentar fazer a vida pagar de volta todo o bem que eles fazem.

Experimentei uma reviravolta significativa no sentido de adentrar a liberdade dos filhos de Deus na minha primeira reunião dos AA. No passado eu havia investido muito não apenas em transmitir uma imagem positiva, mas também em pensar com demasiada frequência em quem estaria observando. Minha autoimagem de um homem de Deus e de disciplinado discípulo devia ser preservada a qualquer custo. Minhas vorazes inseguranças faziam meu senso de autoestima subir e descer como um veleiro ao sabor do vento da aprovação ou da desaprovação dos outros. Foi um momento supremo de libertação ficar em pé, chutar o pedestal para longe e dizer simplesmente:

— Meu nome é Brennan. Sou um alcoólico.

Meu mentor espiritual certa vez me disse:

---

[6] Carl J. Jung. *Modern man in search of a soul.* Harcourt: Brace and World Harvest Books, 1933, p. 235.

— Brennan, deixa disso, de parecer e de falar como um santo. Vai ser melhor para todo o mundo.

Viver pela graça inspira uma consciência crescente de que sou o que sou aos olhos de Jesus e nada mais. É a aprovação dele que conta. Fazer de Jesus nosso lar, do modo que ele faz de nós o seu, leva-nos a ouvir criativamente: "Já passou pela sua cabeça que eu esteja orgulhoso de que você tenha aceitado o dom da fé que lhe ofereci? Orgulhoso de que você me tenha escolhido livremente, depois que eu o escolhi, como seu amigo e seu Senhor? Orgulhoso de que com todas as suas rugas e verrugas você não desistiu? Orgulhoso de que você confie em mim o bastante para tentar, vez após outra?

"Você faz ideia de quanto eu valorizo o fato de você me querer? Quero que você saiba quanto sou grato quando você para para sorrir e confortar uma criança perdida. Sou grato pelas horas que você dedica para aprender mais a meu respeito; pela palavra de encorajamento que você ofereceu a seu surrado pastor, por sua visita ao confinado, por suas lágrimas pelo retardado. O que você fez a eles, fez a mim. Minha tristeza é quando você não crê que o perdoei totalmente, ou quando você não se sente à vontade para aproximar-se de mim".

A oração é outra área em que muitos têm dificuldade porque não estão conscientes de que na liberdade do Espírito há tantos modos de orar quanto cristãos. A regra cardeal da oração permanece o dito de Don Chapman: "Ore como você consegue; não ore como você não consegue".

Suponhamos que você dê para sua filha de três anos um livro de colorir e uma caixa de giz de cera como presente de aniversário. No dia seguinte, ostentando o sorriso orgulhoso que somente um pequeno pode reunir, ela apresenta as primeiras figuras para sua inspeção. Ela coloriu o sol de preto, a grama de roxo e o céu de verde. No canto inferior direito, ela acrescentou maravilhas confusas de placas flutuantes e anéis suspensos; à esquerda, um arsenal de rabiscos coloridos e despreocupados. Você se maravilha diante dos traços ousados dela e intui que sua psiquê está lutando contra sua própria pequenez cósmica diante de um mundo grande e feio. Mais tarde, no escritório, você compartilha com sua equipe o primeiro esforço artístico de sua filha e faz veladas referências às obras mais precoces de Van Gogh.

Nenhuma criancinha é capaz de colorir mal; tampouco nenhum filho de Deus é capaz de fazer uma oração ruim. "Um pai se deleita quando seu pequenino, deixando de lado seus brinquedos e amigos, corre até ele e atira-se em seus braços. Enquanto abraça seu peque-nino junto de si, o pai pouco se importa se a criança está olhando ao redor, sua atenção passando rapidamente de uma coisa para a outra, ou apenas se aconchegando para dormir. Essencialmente, a criança está escolhendo estar com seu pai, confiante do amor, do cuidado e da segurança que são seus nos braços dele. Nossa oração é bem semelhante. Nós nos aconchegamos nos braços do Pai, em suas mãos amorosas. Nossa mente, nossos pensamentos, nossa imaginação podem saltar de um lugar para outro; podemos até mesmo cair no sono; porém estamos essencialmente escolhen-do permanecer durante esse tempo na intimidade com nosso Pai, entregando-nos a ele, recebendo seu amor e cuidado, deixando que ele desfrute de nós à vontade. É oração simples. É oração bem infantil. É oração que nos abre para todos os deleites do reino".[7]

---

[7] M. Basil Pennington. *Centering prayer: renewing an ancient Christian prayer form*. Garden City: Doubleday, 1980, p. 68-9. A grande virtude desse livro está na sua simplicidade e clareza de apresentação. Um modo de orar que conduz a um relacionamento profundo e vivo com Deus.

A ternura de Jesus não é de modo algum determinada pelo modo como oramos ou pelo que somos ou fazemos. A fim de nos libertar para mostrarmos compaixão a outros, Jesus chama-nos a aceitar sua compaixão em nossa vida, a nos tornarmos gentis, zelosos, compassivos e perdoadores conosco em nossos fracassos e carências.

A compaixão pelos outros não é uma virtude simples, porque evita julgamentos bruscos — certo ou errado, bom ou mal, herói ou vilão: ela busca a verdade em toda a sua complexidade. A compaixão genuína significa que, ao mostrarmos empatia pelos planos fracassados e amores incertos da outra pessoa, mandamos a mensagem: "Sim, maltrapilho, eu entendo. Também já passei por isso".

Conta a história que uma jovem e dinâmica mulher de negócios mostrava sinais de fadiga e estresse. O médico receitou tranquilizantes e pediu que ela voltasse para uma consulta duas semanas depois.

Quando ela voltou, ele perguntou se ela sentia-se diferente.

— Não. Mas tenho observado que as outras pessoas parecem estar bem mais relaxadas.

Normalmente vemos os outros não como são, mas como nós somos.[8]

Uma pessoa é, num sentido real, o que ela vê. E ver depende dos olhos. Jesus usa a metáfora dos olhos mais frequentemente do que a da mente ou da vontade. O velho provérbio, "os olhos são as janelas da alma", contém uma profunda verdade. Nossos olhos revelam se nossas almas são espaçosas ou entulhadas, hospitaleiras ou censuradoras, compassivas ou repreensoras. O modo como vemos os outros é normalmente o modo como vemos a nós mesmos. Se fizeram paz com nossa humanidade falha e abraçamos nossa

---

[8] Anthony de MELLO. *The heart of the enlightened*. Nova York: Doubleday, 1989, p. 122.

identidade de maltrapilho, somos capazes de tolerar nos outros o que era antes inaceitável em nós mesmos.

Certa noite um jovem aparentemente absorto em si mesmo chegou a nossa porta para levar nossa filha Simone para sair. Enquanto esperava no *hall* que Simone terminasse suas abluções, ele empertigou-se, afetou diversas poses, murmurou algumas futilidades monossilábicas, estudou obliquamente a própria figura no espelho, bocejou ocasionalmente e tentou emitir um ar garboso de relaxamento. Perguntei a mim mesmo: quem é esse jovem paspalho?

Será ele a personificação narcisista da complacência presunçosa ou uma tocante encarnação do isolamento e da solidão dos jovens aos quais se nega o acesso a sua própria profundidade espiritual? Por trás da máscara das poses estudadas e das vaidades menores, haveria um anseio aguardando redenção?

O julgamento depende do que vemos, de quão profundamente olhamos para o outro, de quão honestamente encaramos a nós mesmos, de quão dispostos estamos a ler a história humana por trás do rosto apavorado.

A gentileza de Jesus para com os pecadores fluía de sua capacidade de ler seus corações. Por trás das poses mais emburradas e dos mais desconcertantes mecanismos de defesa das pessoas, por trás dos seus ares de arrogância, por trás do seu silêncio, do seu desdém e dos seus litígios, Jesus via criancinhas que não haviam sido amadas o bastante e que haviam parado de crescer porque alguém havia deixado de acreditar nelas. Sua extraordinária sensibilidade levava Jesus a falar dos fiéis como crianças, por mais altos, ricos, inteligentes e bem-sucedidos que fossem.

"Certo de sua salvação pela graça única de nosso Senhor Jesus Cristo"... é o pulsar do coração do evangelho, uma jubilosa libertação do medo do Resultado Final, uma convocação à auto-aceitação, e liberdade para uma vida de compaixão para com os outros.

É óbvio que não estamos tratando aqui de uma questão evangélica trivial. O amor compassivo é o eixo da revolução moral cristã e o único sinal jamais dado por Jesus pelo qual um discípulo seria reconhecido: "Um novo mandamento vos dou: Que vos ameis uns aos outros; como eu vos amei a vós, que também vós uns aos outros vos ameis. Nisto todos conhecerão que sois meus discípulos, se vos amardes uns aos outros" (Jo 13:34,35; ARC). O novo mandamento fundamenta a nova aliança no sangue de Jesus. O amor fraternal é um preceito tão central que Paulo não hesita em declará-lo cumprimento de toda a lei e dos profetas (Rm 13:8-10).

O perigo aqui não é o exagero ou a ênfase excessiva. O perigo espreita em nossas sutis tentativas de racionalizar nossa moderação com respeito a esse assunto. Dar a outra face, andar a segunda milha, não oferecer resistência à ofensa e perdoar setenta vezes sete não são caprichos do Filho do Homem. "Porque, em Cristo Jesus, nem a circuncisão, nem a incircuncisão têm valor algum, mas a fé que atua pelo amor" (Gl 5:6).

"A razão exige moderação no amor como em todas as coisas", escreve John Mckenzie, "mas a fé destrói a moderação aqui. A fé não tolera o amor moderado a um semelhante mais do que tolera um amor moderado entre Deus e o homem".[9]

Mais uma vez, a gentileza para conosco constitui o cerne de nossa gentileza para com os outros. Quando a compaixão de Cristo é interiorizada e apropriada pelo eu ("[Ele] não esmagará a cana quebrada, nem apagará a torcida que fumega" [Mt 12:20]), ocorre

---

[9] John L. McKenzie. *Source: what the Bible says about the problems of contemporary life.* Chicago: Thomas More Press, 1984, p. 146.

a reviravolta de uma postura de compaixão para com os outros. Numa situação em que causa e efeito se confundem, a trilha da gentileza traz cura para nós mesmos, e a gentileza para conosco produz cura nos outros. A solidariedade para com os maltrapilhos liberta aquele que recebe a compaixão e liberta o que a concede na consciência alerta de que "eu sou o outro".

Certamente que o *amor duro* e a disciplina têm seu lugar na família cristã. Se não forem ensinadas a diferenciar o certo do errado, crianças podem tornar-se facilmente neuróticas. Entretanto, apenas a disciplina administrada com amor é corretiva e produtiva. A disciplina que brota da ira e do espírito de vingança é desagregadora na família e contraproducente na igreja. Apresentar um ultimato a um adolescente viciado: "Busque tratamento ou caia fora", é uma reação amorosa e talvez salvadora, desde que uma distinção clara entre a ação e o agente seja mantida. Com grande sabedoria observou William Shakespeare: "Às vezes, é necessário ser cruel para ser bom".

Os Alcoólicos Anônimos foram fundados em 10 de junho de 1935, em Akron, Ohio, por Bill W. e Doctor Bob. Em seus estágios iniciais levantou-se um vivo debate sobre as qualificações necessárias para tornar-se um membro. Deveriam determinados indivíduos ser excluídos por alguma razão qualquer, como fazem determinados clubes? Quem entra e quem é deixado de fora? Quem decidiria qual alcoólico era digno ou não? Alguns do grupo central pressionaram para que se limitasse a membresia a gente de responsabilidade moral reconhecida; outros insistiam que o único requisito deveria ser as simples admissões: "Acho que sou um alcoólico. Quero largar a bebida".

De acordo com *Doze Passos e Doze Tradições*, cujo autor permanece, é claro, anônimo, o debate foi resolvido de um modo bastante incomum. Era o Ano Dois no calendário dos AA. Naquele tempo não havia nada para ser visto além de dois grupos anônimos de alcoólicos avançando com grande esforço, tentando manter seus narizes acima da água.

Um novato apareceu num desses grupos, bateu à porta e pediu para entrar. Ele falou de forma franca com o membro mais veterano do grupo e deixou logo claro que era um caso desesperado. Mais do que qualquer coisa, ele queria se recuperar.

— Preciso confessar que sou vítima de outro vício que traz um estigma ainda maior do que o do alcoolismo. Vocês talvez não me queiram entre vocês. Vocês permitem ou não que eu faça parte do grupo?

Ali estava o dilema. O que o grupo deveria fazer? O membro veterano chamou outros dois e, confidencialmente, expôs-lhes os fatos explosivos. E disse:

— E agora? Se dermos as costas a esse homem, ele logo vai estar morto. Se o admitirmos, só Deus sabe os problemas que ele vai gerar. Qual é a resposta de vocês: sim ou não?

No primeiro momento, os veteranos só conseguiam enxergar as objeções.

— Nós só lidamos com alcoólicos — eles disseram. — Será que não deveríamos sacrificar esse pelo bem de muitos?

Assim seguia a discussão, o destino do recém-chegado permanecendo na corda bamba.

Então um dos três falou num tom muito diverso.

— O que estamos com medo — ele disse — é da nossa reputação. Temos muito mais medo do que as pessoas podem dizer do que dos problemas que esse alcoólico possa de fato trazer. Enquanto conversamos, cinco palavrinhas não me saem da cabeça. Algo fica repetindo: "O que o Mestre faria?".

Nenhuma outra palavra foi dita.

Voltemos por um momento a Os irmãos Karamazov, que despeja uma tremenda acusação contra a Igreja Católica. Em incontáveis ocasiões ela pecou contra a liberdade dos filhos de Deus, "mas para ser honesto, as acusações não se aplicam apenas à Igreja Católica. Ou por acaso hereges e bruxas não foram também queimados nas igrejas de Lutero e Calvino, e não foram os oponentes combatidos com violência em vez de compelidos pelo amor? Todas as coisas das quais a Igreja Católica é acusada, no que diz respeito a falta de liberdade, arbitrariedade, autoritarismo e totalitarismo, não estão por acaso presentes, em outras formas e formatos mais ou menos disfarçados, entre os cristãos de outras confissões, e ainda com maior frequência nas pequenas seitas do que nas grandes igrejas?"[10]

Nada disso, no entanto, é conclusivo. A coisa conclusiva é a liberdade do evangelho de Jesus Cristo. O fundamento e a fonte de nossa liberdade não jaz em nós mesmos, que somos por natureza escravos do pecado, mas na liberdade da sua graça, que nos liberta em Cristo pelo Espírito Santo. Somos libertos da escravidão do pecado — para quê? Para a graça salvadora do Deus vivo!

O Grande Inquisidor, um velho de face enrugada e olhos fundos, termina finalmente sua inflamada acusação contra a ingenuidade e o idealismo de Jesus. "Quando o inquisidor terminou de falar ficou esperando por algum tempo que seu prisioneiro lhe respondesse. Aquele silêncio pesava sobre ele. Ele via que o Prisioneiro o havia ouvido atentamente durante todo o tempo, olhando com gentileza no rosto e não mostrando evidentemente qualquer desejo de replicar. O velho ansiava que ele dissesse alguma coisa, por mais amarga e terrível que fosse. Ele, porém, aproximou-se de repente do velho e em silêncio beijou seus lábios envelhecidos e exangues. Essa foi

---

[10] Hans Küng, Freedom today.

sua única resposta. O velho estremeceu. Seus lábios se moveram. Ele foi até a porta, abriu-a e disse: 'Vá...'".[11]

E aquele beijo fulgurava no coração do velho.

---

[11] Fyodor Dostoievski. *Os irmãos Karamázov*. Rio de Janeiro, Ediouro Publicações S.A., 2001. Uma das obras-primas mais duradouras já escritas começa com a seguinte passagem: "Em verdade, em verdade vos digo: se o grão de trigo, caindo na terra, não morrer, fica ele só; mas, se morrer, produz muito fruto" (Jo 12:24).

CAPÍTULO NOVE

O SEGUNDO CHAMADO

Muita gente nas idades entre trinta e sessenta — qualquer que seja sua estatura na comunidade e quaisquer que sejam suas realizações pessoais — experimentam o que pode ser com justiça chamado de uma segunda jornada.

Um homem pode ter angariado um impressionante portfólio em dólares e em honras, pode ter seu nome no rol da *Quem é Quem*, e ainda assim acordar determinada manhã e se perguntar: "Será que vale a pena?". Professores, enfermeiras e clérigos competentes podem chegar ao topo apenas para descobrir que seu emprego perdeu o fascínio. Não há mais para onde subir. Ficam aterrorizados diante da possibilidade de estagnação e perguntam-se: "Será que devo buscar outra carreira? Ajudaria voltar a estudar?".

A segunda jornada de Gail Sheehy começou aos 35 anos, quando ela fazia uma reportagem na Irlanda do Norte. Ela estava em pé junto a um rapaz quanto uma bala explodiu o rosto dele. Naquele Domingo Sangrento em Londonderry, ela foi confrontada com a morte e com o que ela chama de "a aritmética da vida". Ela de repente percebeu: "Não há ninguém comigo. Ninguém me mantém a salvo. Não há ninguém que nunca vá me abandonar". O Domingo Sangrento tirou o equilíbrio de Gail Sheehy e despejou sobre ela uma torrente de perguntas dolorosas sobre seu propósito e seus valores últimos.

Não precisa ser uma bala a dar início à segunda jornada. Uma mulher de 35 anos fica sabendo sobre a infidelidade do marido. Um diretor de empresas de quarenta anos descobre que fazer dinheiro parece de repente absurdo. Um jornalista de 45 anos fica preso nas ferragens de um acidente automobilístico. Não importa como acontece, essa gente sente-se confusa e até mesmo perdida. Não conseguem mais manter o mundo funcionando em ordem. São arrastados para longe de padrões escolhidos e cultivados para enfrentar estranhas crises. Essa é a sua segunda jornada.[1]

A protagonista do romance de Anne Tyler, *Breathing lessons*, vencedor do prêmio Pulitzer, está percorrendo de carro uma estrada no campo, com seu marido ao volante. De repente essa mulher de meia-idade exclama: "Ah! Ira, o que vamos fazer do resto da nossa vida?". Essa é a pergunta da segunda jornada.

A segunda jornada termina normalmente com uma nova sabedoria e uma chegada a um verdadeiro senso do eu que libera grande poder. A sabedoria é a de um adulto que recuperou seu equilíbrio, estabilizou e encontrou propósito renovado e novos sonhos. É a sabedoria que abre mão de algumas coisas, deixa algumas coisas morrer e aceita as limitações humanas. É a sabedoria que percebe: não posso esperar que ninguém me entenda por completo. É a sabedoria que admite a inevitabilidade da velhice e da morte.

É uma sabedoria que já enfrentou a dor causada por pais, cônjuge, família, amigos, colegas de trabalho e parceiros de negócios, e verdadeiramente perdoou-os e reconheceu com inesperada

---

[1] Gerald O'COLLINS, *The second journey, spiritual awareness and the mid-life crisis*. Nova York: Paulist Press, 1978, p. 4.

compaixão que essas pessoas não são nem anjos nem demônios, apenas humanos.

A segunda jornada começa quando percebemos que não podemos viver a tarde da vida de acordo com o programa da manhã. Tornamo-nos conscientes de que temos uma porção limitada de tempo para fazer o que realmente importa — e essa consciência ilumina para nós o que realmente importa, o que realmente conta. Essa convicção gera um novo cerne. Compartilhamos da determinação de John Henry Novaman, que ao encerrar de sua segunda jornada toma o rumo de casa, sentindo: "Tenho ainda uma obra a fazer na Inglaterra".[2]

Para o cristão, a segunda jornada começa normalmente entre os trinta e sessenta anos de idade e é acompanhada de um segundo chamado do Senhor Jesus. O segundo chamado convida-nos a uma reflexão séria sobre a natureza e a qualidade de nossa fé no evangelho da graça, nossa esperança no novo e nosso amor a Deus e às pessoas. O segundo chamado é uma conclamação a um compromisso mais profundo e mais maduro de fé, onde a ingenuidade, o primeiro fervor e o idealismo não verificado do primeiro compromisso são temperados com dor, rejeição, fracasso, solidão e auto-conhecimento.

O chamado pergunta: você realmente aceita a mensagem de que Deus está perdidamente apaixonado por você? Creio que essa pergunta esteja no cerne da nossa habilidade de amadurecer e de crescer espiritualmente. Se no nosso coração não cremos realmente que Deus nos ama como somos, se estamos ainda maculados pela mentira de que podemos fazer algo para que Deus nos ame mais, estamos rejeitando a mensagem da cruz.

[2] Id., ibid., p. 62. Esse livro oferece uma compreensão compassiva da ansiedade e do tumulto interior que muitas vezes acompanham a crise da meia-idade. É encorajante ler as histórias de outros que já percorreram esse caminho.

O que se coloca no caminho para que não abracemos o segundo chamado? Posso ver três obstáculos: uma crise de fé, de esperança e de amor. Permita que eu explique.

Imagine que Jesus está chamando você hoje. Ele estende um segundo convite — aceitar o amor do Pai dele. Talvez você responda: "Ah! já estou sabendo. Isso é coisa superada. Vim para este livro buscando um lampejo num acesso de fervor. Não estou escancarado, desesperado. Vou ouvir qualquer coisa que o senhor tiver a dizer, então vá em frente: surpreenda-me. Dê-me alguma palavra nova. A velha já estou sabendo".

E Deus responde:

> É isso que você não sabe. Você não sabe quanto eu o amo. O momento em que você pensa que compreende é o momento em que você não compreende. Eu sou Deus, não homem. Você fala aos outros a meu respeito: diz que eu sou um Deus amoroso. Suas palavras são papo-furado. Minhas palavras estão escritas no sangue do meu Filho. Da próxima vez que você pregar sobre o meu amor com uma familiaridade tão insolente, nada me impede de vir e detonar a sua reunião de oração. Quando você vier a mim com estudado profissionalismo, exporei você como um amador grosseiro. Quando você tentar convencer os outros de que sabe do que está falando, vou mandá-lo calar a boca e cair de rosto no chão. Você diz que sabe que eu o amo:
>
> Você sabia que cada vez que você me diz que me ama eu digo "obrigado"?
>
> Quando seu filho vem até você e pergunta: "Você ama a Susan mais do que a mim porque ela patina melhor e porque ela é menina?" você não se sente magoado e entristecido pela falta de confiança de seu filho? Você sabia que faz a mesma coisa comigo?
>
> Você alega saber o que compartilhamos quando Jesus retirou-se para um lugar deserto e passou a noite na encosta de uma colina

comigo? Você sabe de onde veio a inspiração de lavar os pés dos doze discípulos? Você entende que, motivado apenas pelo amor, seu Deus tornou-se seu escravo no cenáculo?

Você ressente a ordem divina dada a Abraão, de oferecer seu único filho, Isaque, no monte Moriá? Você sente alívio quando o anjo intervém, a mão de Abraão é detida e o sacrifício não é levado a cabo? Você esqueceu que na Sexta-feira Santa nenhum anjo interveio? O sacrifício foi levado a cabo, e foi meu coração que foi partido.

Você tem consciência de que eu *tive* de ressuscitar Jesus dos mortos na manhã de Páscoa porque meu amor é eterno? Você está também serenamente confiante de que eu também o ressuscitarei, meu filho adotivo?

A fé significa que você quer Deus e não quer querer mais nada.

Quando tomamos por certo o amor de Deus, nós o relegamos a um canto e roubamos dele a oportunidade de amar-nos de um modo *novo e surpreendente*, e a fé começa a murchar e encolher. Quando me torno tão espiritualmente avançado que Abba é coisa superada, nesse ponto o Pai já foi passado para trás, Jesus foi domesticado, o Espírito emparedado e o fogo pentecostal extinguido. A fé evangélica é o oposto de indiferença. Ela implica sempre uma profunda insatisfação com nossa presente condição.

Há na fé movimento e desenvolvimento. A cada dia há algo novo. Para ser cristão *a fé tem de ser nova*, isto é, viva e crescente. Não pode ser estática, finalizada, resolvida. Quando a Escritura, a oração, a adoração e o ministério tornam-se rotina, estão mortos. Quando concluo que não consigo lidar com o temível amor de Deus, parto para as águas rasas para evitar as profundezas. Seria mais fácil encerrar as cataratas do Niágara numa xícara de chá do que compreender o amor selvagem e irrefreável de Deus.

Se for o caso de nossa fé ser criticada, que seja pelos motivos certos. Não porque somos emotivos demais, mas porque não somos emotivos o bastante; não porque nossas paixões são inflamadas, mas porque são ínfimas; não porque somos afetuosos demais, mas porque carecemos de uma afeição profunda, apaixonada e irrestrita por Jesus Cristo.

Há muitos anos fiz um retiro silencioso de trinta dias nas colinas cobertas de neve da Pensilvânia. Uma palavra ecoou e ressoou no meu coração ao longo de todo aquele mês. Jesus não disse isso no Calvário, embora pudesse ter dito, mas está dizendo agora: "Estou morrendo de vontade de estar com você. *Estou morrendo de vontade de estar com você*". Foi como se ele estivesse me chamando uma segunda vez. Percebi que o que eu achava que sabia era palha. Eu mal havia vislumbrado, não havia jamais sonhado o que poderia ser o amor dele. O Senhor conduziu-me ainda mais fundo solidão adentro, levando-me a buscar não línguas, curas, profecia e experiência religiosa positiva a cada vez que orava, mas a *compreender* a busca por uma Presença pura e apaixonada.

Esse segundo chamado nos provoca a uma fé mais profunda. Precisamos perguntar a nós mesmos: *Eu creio de fato na Boa-Nova de Jesus Cristo?* Ouço a palavra dele falada ao meu coração: "Shalom — fique em paz, eu compreendo"? E qual é a minha resposta ao segundo chamado dele, quando me diz: "Você tem o meu amor. Você não tem de pagar por ele. Você não o adquiriu e não tem como merecê-lo. Você tem apenas de abrir e recebê-lo. Você tem apenas de dizer sim ao meu amor, um amor muito além de qualquer coisa que você possa intelectualizar ou imaginar"?

Um segundo obstáculo, intimamente relacionado à crise da fé é a crise da esperança. Em Mateus 22 Jesus descreve o reino de Deus como uma festa de casamento. Será que de fato cremos que estamos indo a uma festa de casamento que já começou? Somos otimistas quanto ao que acontecerá conosco neste mundo, ou somos temerosos e pessimistas? Estamos celebrando nossa união com o Noivo?

Certa noite no verão passado, quando passava férias na costa de Jersey, saí para uma caminhada ao redor de um lago artificial em Belmar. Do outro lado do lago havia um salão de festas chamado *Barclay*, que hospedava festas, convenções, recepções de casamento e assim por diante. Mais de cem pessoas faziam fila na porta da frente. Haviam todos acabado de chegar de um casamento na St. Rose Church, para a recepção, que já havia começado. Podiam ouvir a música e as risadas, as pessoas bebendo e dançando. E a expressão no rosto deles! Estavam todos explodindo de ansiedade, seguros dos seus lugares reservados, mal podiam esperar para entrar. Era evidente neles que estavam indo participar de uma celebração festiva.

A maior parte de nós, porém, fica do lado de fora da entrada do banquete, ouvindo a celebração e os festejos do lado de dentro, com apenas meia esperança de que haja realmente um banquete lá dentro e de que seja da natureza do mundo ser uma celebração. Gostaríamos de entrar e celebrar, mas puxa! E se estiver errado? E se não houver banquete algum lá dentro? E se for um truque?

Por que muitos de nós não entram agora mesmo? Porque sabemos que o banquete do lado de dentro não é perfeito, pelo simples fato de que estamos ainda vivendo no hiato entre a cruz e a ressurreição. O cristianismo não nega a realidade do sofrimento e do mal. Lembre-se de que, depois que desceu do monte da transfiguração, Jesus disse aos seus discípulos que estava subindo para Jerusalém — que seria executado e triunfaria sobre a morte. Jesus não estava nem um pouco confiante de que seria poupado do sofrimento. Ele sabia que o sofrimento era necessário. Era da retribuição que ele estava confiante. Nossa esperança, nossa aceitação do convite para o banquete, não está baseada na ideia de que estaremos livres da dor e do sofrimento. Está, antes, baseada na convicção de que triunfaremos sobre o sofrimento.

Você crê que você também irá sobreviver? Porque esse é o sentido da esperança cristã. Não se trata de otimismo de Pollyanna. Não é algo que rende-se ao desencorajamento, à derrota e à frustração. Ao contrário, a esperança cristã permanece firme e serena, confiante mesmo diante da câmara de gás, mesmo diante do câncer terminal. Por mais séria que creiamos ser a Sexta-feira Santa, estamos confiantes de que o Domingo de Páscoa está adiante de nós. E se morrermos? Jesus também morreu, e se Jesus morreu, cremos que ele agora vive, e que viveremos nós também.

Será que cremos mesmo? Muitos leigos comentaram comigo que hoje em dia eles ouvem de tudo da parte de sacerdotes e ministros, menos a proclamação da Boa-Nova do reino. Ouvem a respeito de racismo, poluição, guerra, aborto, ecologia e uma miríade de outros problemas morais. Nenhum desses impede a proclamação, mas nenhum deles é substituto adequado a lançar convites para o banquete. Será que hesitamos em nos lançar ao papel de arautos da segunda vinda porque não estamos mais certos de que cremos nesse papel — outro modo de dizer que nunca de fato cremos nele? Talvez seja porque achamos que esse papel não é relevante, que as pessoas não levam arautos da segunda vinda muito a sério. Para ser realmente discípulo de Jesus é preciso comprometer-se com a mensagem do reino da mesma forma que ele, e pregá-la, quer nossa audiência a considere ou não relevante.

Esse é o desafio inerente ao Novo Testamento. Se Jesus é para ser crido, se sua mensagem deve ser levada a sério, se Deus de fato interveio com misericórdia amorosa e salvadora, então a mensagem é supremamente relevante e o lançar dos convites para o banquete de casamento é supremamente importante. Mas a questão fundamental não é se o mundo a considera relevante; é se é verdadeira. E isso pode ser decidido apenas por meio de um salto de comprometimento. Não se pode ser discípulo sem compromisso, e se há hoje em dia muitos discípulos hesitantes, o motivo é que não fizeram ainda um compromisso decisivo.

É isso o que o segundo chamado de Jesus Cristo representa hoje: uma convocação a um novo e mais radical salto de esperança, a um comprometimento existencial com a Boa-Nova da festa de casamento.

Se cremos na empolgante mensagem de Jesus, se esperamos uma retribuição, devemos amar e, mais do que isso, devemos correr o risco de sermos amados. O amor é o terceiro obstáculo no caminho de abraçarmos o segundo chamado.

A ideia do amor de Deus não é com certeza nova com Jesus. Na verdade, não é nem mesmo exclusividade da tradição judaico-cristã. Outros homens, em outras épocas, em outras partes do mundo, pensaram ou esperaram ou desejaram que o realmente *real*, o Deus vivo, de fato os amasse. Jesus, porém, acrescentou uma nota de confiança. Ele não disse que Deus talvez fosse amor, ou que seria legal se Deus fosse amor. Ele disse: *Deus é amor — e ponto final.* Há, porém, mais na mensagem de Jesus. Ele insistia que seu Pai está louco de amor, que Deus é um Deus apaixonado que não consegue ficar sem nós. A parábola que deixa essa verdade mais evidente é a do filho pródigo, a parábola do Pai amoroso.

A ênfase não está na pecaminosidade do filho, mas na generosidade do Pai. Deveríamos reler essa parábola periodicamente para capturarmos as delicadas nuances do primeiro encontro entre os dois. O filho havia ensaiado o seu discurso cuidadosamente. Era uma declaração elegante e elaborada de pesar. Mas o velho não o deixou terminar. O filho mal chegou à cena quando um manto requintado é atirado sobre seus ombros. Ele ouve música, o bezerro cevado está sendo levado para o salão, e ele não chega nem mesmo a ter a oportunidade de dizer a seu pai: "sinto muito".

Deus nos quer de volta mais do que jamais seríamos capazes de desejar voltar. Não temos de entrar em detalhe sobre o nosso pesar. Tudo que temos de fazer, diz a parábola, é aparecer em cena, e antes que tenhamos uma chance de fugir novamente, o Pai nos agarra e arrasta para o banquete de modo que não tenhamos como escapar.

Há uma fascinante passagem no capítulo 8 do Evangelho de João sobre uma mulher apanhada em adultério. Lembre-se do modo como a multidão arrastou-a até diante de Jesus e perguntou:

— O que fazemos com esta mulher? Ela foi apanhada em adultério. Moisés diz que devemos apedrejá-la, mas os romanos não nos deixam apedrejar as pessoas. Qual é o seu parecer?

Jesus os ignora e começa a escrever na areia. Ele então levanta os olhos e diz:

— Bem, aquele aqui que não cometeu pecado algum atire a primeira pedra.

Um a um eles se afastam. Jesus então diz à mulher:

— Não restou ninguém aqui para condená-la?

— Ninguém, Senhor — ela diz.

— Tudo bem — ele diz. — Pode ir e não cometa mais esse pecado.

Agora entenda: Jesus não perguntou se ela estava arrependida. Ele não exigiu um firme propósito de reforma moral. Ele não demonstrou preocupação de que ela poderia ir correndo atirar-se de volta nos braços do seu amante. Ela só ficou ali e Jesus deu-lhe absolvição antes que ela pedisse.

A natureza do amor de Deus é ultrajante. Por que esse nosso Deus não demonstra algum bom-senso e moderação quando lida conosco? Por que ele não demonstra mais autocontrole? Para ser direto, será que Deus não poderia ter um pouquinho mais de dignidade e de amor-próprio? Puxa vida!

Agora, se fossemos nós na posição dele, saberíamos exatamente como agir — aquele filho pródigo teria recitado seu discurso até a última palavra. Quando ele terminasse, nós diríamos:

— Muito bem. Agora vá embora, filho pródigo, e vou pensar a respeito por umas duas semanas. Você será então informado via correio se decidi admiti-lo ou não de volta na fazenda.

Não creio que algum leitor teria aprovado que aquela pobre mulher adúltera fosse apedrejada, mas pode crer que teríamos nos certificado de que ela oferecesse uma detalhada manifestação de contrição, e um firme propósito de corrigir-se. Se a dispensássemos sem que ela pedisse desculpas, não era certo que ela reincidiria em adultério antes do entardecer?

Não, o amor de Deus não tem dignidade nenhuma, e aparentemente é assim que ele espera que seja o nosso amor. Ele não apenas requer que aceitemos sua espécie inexplicável e embaraçosa de amor, mas, uma vez que o aceitamos, ele espera que nos comportemos do mesmo modo com os outros. Acho até que seria capaz de sobreviver, se fosse obrigado, com um Deus cujo amor por nós fosse embaraçoso, mas a ideia de que tenho de agir da mesma forma com as outras pessoas — isso é demais para engolir.

Talvez o modo mais simples, embora certamente não o mais fácil, de começar seja comigo mesmo. Carl Jung, o grande psiquiatra, refletiu certa vez que estamos todos familiarizados com as palavras de Jesus: "quando o fizestes a um destes meus pequeninos irmãos, a mim o fizestes". Jung coloca então a profunda questão: "E se você descobrisse que o mais pequenino dos irmãos de Jesus, aquele que mais carece do seu amor, aquele a quem você pode mais ajudar com o seu amor, aquele para quem o seu amor será mais significativo — e se você descobrisse que o irmão mais pequenino de Jesus... *é você?*".

Faça então por você mesmo o que faria pelos outros. E aquele saudável amor-próprio que Jesus prescreveu quando disse "ama teu próximo como a ti mesmo" poderia começar com o simples reconhecimento: qual é a história do meu sacerdócio? — *é a história de uma pessoa infiel por meio da qual Deus continua trabalhando*. Essa palavra não é apenas consoladora, é libertadora, especialmente para aqueles de nós apanhados pela opressão de pensar que Deus só é capaz de operar por intermédio de santos. Que palavra de cura, de perdão e conforto é essa para muitos de nós cristãos que descobriram que somos vasos de barro que cumpriram a profecia de Jesus: "Em verdade te digo que hoje, nesta noite, antes que o galo cante duas vezes, três vezes me negarás"!

E o Senhor está agora me chamando pela segunda vez, afirmando-me, capacitando-me, encorajando-me, desafiando-me a prosseguir à plenitude da fé, da esperança e do amor no poder do seu Espírito Santo. Ignorante, fraco e pecaminoso como sou, com racionalizações fluentes para meu comportamento pecaminoso, é-me dito de forma renovada na inconfundível linguagem do amor: "Estou com você, sou por você e estou em você. Espero mais fracasso da sua parte do que você mesmo espera".

Há uma barreira ao amor que merece atenção especial porque é muito crucial ao segundo chamado de Jesus Cristo: o medo. A maior parte de nós gasta tempo considerável adiando coisas que deveríamos estar fazendo ou gostaríamos de fazer ou queremos fazer — porque temos medo de fazer. Temos medo do fracasso. Não gostamos dele, fugimos dele e o evitamos devido ao nosso desejo desordenado de ser apreciado pelos outros. Produzimos então milhares de desculpas brilhantes para não fazermos coisa alguma. Adiamos as coisas, gastamos as energias de vida e de amor que estão dentro de nós. E recai sobre nós o julgamento do Grande Senhor Executor de *Mikado* sobre a garota que procrastinava perpetuamente: "Jamais se sentirá falta dela; não, não: jamais se sentirá falta dela!".

Cada um de nós paga um alto preço por nosso medo de cair de cara no chão. Ele assegura um estreitamento progressivo das nossas personalidades e impede a exploração e a experimentação. À medida que ficamos velhos seguimos fazendo apenas aquilo que fazemos bem. Não há crescimento em Jesus Cristo sem alguma dificuldade e embaraço. Se devemos nos manter crescendo, devemos permanecer correndo o risco de fracasso ao longo de toda a nossa vida. Quando recebeu o prêmio Nobel pela sua descoberta da teoria quântica Max Planck disse: "Ao olhar para trás para a longa e labiríntica trilha que conduziu finalmente à descoberta, sou lembrado vividamente da frase de Goethe, de que, enquanto permanecerem lutando por alguma coisa, os homens estarão sempre cometendo erros".

Sabe, apesar do fato de que o cristianismo fala da cruz, da redenção e do pecado, não estamos dispostos a admitir o fracasso na nossa vida. Por quê? Em parte, porque é um mecanismo de defesa da natureza humana contra suas próprias inadequações. Mas, ainda mais do que isso, por causa da imagem de sucesso que nossa cultura exige de nós. Há uma série de graves problemas em projetar-se uma imagem perfeita. Primeiro, porque simplesmente não é verdade — não estamos sempre felizes, otimistas e no controle. Segundo, projetar uma imagem impecável nos impede de alcançar gente que sente que não teríamos como entendê-las. E terceiro, mesmo que fôssemos capazes de viver uma vida sem conflito, sem sofrimento e sem erros, seria uma existência rasa. O cristão profundo é o cristão que fracassou e aprendeu a viver com isso.

A procrastinação é talvez o pior fracasso e o mais danoso de todos. Nós que cremos em Jesus, que esperamos uma retribuição, que proclamamos o amor do Pai celeste, gastamos nosso tempo tentando evitar as coisas mais importantes. Quanta fé, quanta esperança, quanto amor tem a procrastinação perpétua?[3]

Ao passar pela vida, se você adquirir alguma autoconsciência, qualquer espécie de vislumbre honesto de sua própria personalidade, você saberá dizer muito bem quais são suas fraquezas. Você sabe de que forma irá evadir-se da responsabilidade da fé, da esperança e do amor que Jesus oferece. Se você for honesto, saberá que não tem um álibi — que não tem como dizer que a culpa foi de outra pessoa. Você sabe que quando chegar a hora de prestar contas da sua vida você será acusado ou elogiado não pelo que o papa fez, não pelo que o bispo fez, não pelo que o pastor fez (a não ser que você seja pastor). Todos seremos acusados ou elogiados a partir de se aceitamos ou não o convite de crer na mensagem.

No final das contas, o real desafio do crescimento cristão é o desafio à responsabilidade pessoal. O Espírito de Jesus chama uma segunda vez: "Você vai assumir sua vida hoje? Vai ser responsável pelo que fizer? Você vai crer?".

Talvez estejamos todos na posição do homem na história de Morton Kelsey que chegou à beira de um abismo. Enquanto ficava lá pensando o que faria em seguida, o homem surpreendeu-se ao ver uma corda bamba esticada sobre o abismo. E devagar, com segurança, vinha pela corda um acrobata empurrando antes de si um barril com outro artista dentro. Quando chegaram finalmente à terra firme, o acrobata sorriu diante do espanto do homem.

---

[3] Brennan MANNING. *Souvenirs of solitude*. Denville: Dimension Books, 1979, p. 8-28. Extraio aqui material de uma obra minha atualmente esgotada.

— Você não acredita que eu consigo fazer de novo? — perguntou ele.

— Mas claro, com certeza acredito que você consegue — respondeu o homem.

O acrobata perguntou novamente, e quando a resposta foi a mesma, ele apontou para o barril e disse:

— Tudo bem. Então, entre que eu o levo para o outro lado.

O que o viajante fez? É justamente essa a pergunta que temos de fazer a nós mesmos a respeito de Jesus Cristo. Nós declaramos nossa crença nele em termos em nada equívocos, até mesmo em credos finamente articulados, e depois recusamo-nos a entrar no barril? O que fazemos com respeito ao senhorio de Jesus é melhor indicação da nossa fé do que pensamos. É isso o que o mundo quer da nossa retórica, o que o homem de Deus anseia nos pastores de ovelhas — ser ousado o bastante para ser diferente, humilde o bastante para cometer erros, selvagem o bastante para arder com o fogo do amor, real o bastante para que os outros vejam o quanto somos falsos.

Que a oração de Nikos Kazantzakis erga-se dos corações num tom apaixonado de amorosa percepção:

> Sou arco em tuas mãos, Senhor.
> Estenda-me, para que eu não perca a utilidade.
> Não me estendas além da conta, Senhor, posso quebrar,
> Estende-me além da conta, Senhor — e daí se eu quebrar?

CAPÍTULO DEZ

O MANQUEJAR VITORIOSO

O alegre tumulto da Comunidade Templo do Monte Sião ressoava pela vizinhança. "Amém, irmão!" "Pregue a Palavra!" "Louvado seja!"

O reverendo Moses Mowinkle estava com a unção. Sua voz melodiosa de barítono elevava-se aos céus, amainava no balido do cordeiro e reduzia-se finalmente a um sussurro. Ao final do sermão, duzentos adoradores explodiram em louvor, danças, lágrimas e incontida alegria. O culto de três horas terminou ao meio-dia, e a comunidade de fé saiu em fila para a rua. Viviam todos em Lemmon Street, o gueto negro.

Isso foi em 1938, em Baltimore.

O racismo estava profundamente arraigado na cidade. Os negros eram considerados gente à parte, mas não em condição de igualdade. Eram tolerados, contanto que se colocassem no seu "lugar" e permanecessem nele. A superioridade do homem branco era universalmente reconhecida, bem como a inferioridade dos "pretos", como todos na vizinhança os chamavam. Se algum preto arrogante perdia o bom-senso e se aventurava num armarinho sofisticado da parte branca da cidade, não se permitia que ele experimentasse as roupas antes de sua possível compra. Afinal de contas, um freguês branco podia vir mais tarde e querer vestir o mesmo paletó.

Os negros viviam em edifícios dilapidados: as janelas do segundo andar ofereciam uma esplêndida vista das latas de lixo dos brancos. Na sua maior parte, a Comunidade Templo do Monte Sião permanecia fechada em si mesma.

Enquanto isso, o inflamado debate teológico na porção elegante da cidade era: como Deus permitiu que o preto Joe Louis se tornasse campeão do mundo na categoria peso-pesado? Estaria Deus exigindo vingança dos brancos por algum pecado não confessado? Seria apenas uma brincadeira cruel de uma Divindade travessa? Ou talvez fosse como Woody Allen colocou anos mais tarde: "Não é que Deus seja cruel; é só que Deus fica aquém das expectativas". Poderia ser que Deus não existiria?

A fé havia sido restaurada em 1936 quando a grande Esperança Branca da Alemanha nazista, Max Schmeling, havia espancado Louis sem misericórdia por onze *rounds* e o nocauteara por fim no décimo segundo. A honra de Deus havia sido vingada e a supremacia branca havia sido restaurada.

Uma nova disputa entre o Bombardeiro Marrom de Detroit e a Esperança Branca de Munique foi agendada para o verão de 1938. Em Baltimore as expectativas caucasianas dispararam. Era o Armagedom, os poderes das trevas contra o poder da luz.

Em *Growing up*, sua autobiografia vencedora do prêmio Pulitzer, Russell Baker escreve:

> Chegou finalmente a noite da titânica batalha, e ajeitei-me junto ao meu rádio para acompanhar o momento culminante da era moderna(...).
>
> Ao soar do sino, Louis deixou o seu canto, estudou Schmeling do jeito que um açougueiro avalia um quarto de carne, e deixou-o

sem sentidos em dois minutos e nove segundos. Paralisante em seu caráter repentino e brutal, aquele foi o anticlímax definitivo para a raça branca.

De Lemmon Street ouvi os costumeiros aplauso e vibração. Fui até a janela da cozinha (...) Gente fluía para a rua, saudando uns aos outros com uma deliciada batidinha nas costas, fremindo de exultação. Vi então alguém começar a mover-se ruela acima, na direção do território branco, e o restante do grupo, tomado por um impulso de desafiar o destino, seguiu atrás movendo-se como uma coisa só (...).

Ali estavam eles, marchando Lombard Street acima como se fosse sua própria rua (...).

Joe Louis havia dado a eles a coragem de afirmar seu direito a usar uma via pública, e não havia ali um único branco para questioná-lo. Aquela foi a primeira manifestação em favor dos direitos civis que testemunhei, e foi completamente espontânea, disparada pela conclusividade com que Joe Louis havia destruído a teoria da supremacia branca. A marcha durou talvez cinco minutos, apenas o tempo que levou para que a multidão toda percorresse devagar toda a extensão do quarteirão. Eles então viraram a esquina, retornaram para as vielas e, imagino, sentiram-se como a maior parte deles não se sentia havia longo tempo.[1]

Isso, por acaso, soa como a vida vitoriosa em Cristo? Não! Foi uma das muitas faces do manquejar vitorioso.

Cinquenta anos depois do nocaute de primeiro *round* de Louis, há regiões dos Estados Unidos em que ser negro não é ser bonito — *Black is beautiful* —, mas bastardo. Hoje mesmo uma pessoa em cinco irá para a cama com fome nos Estados Unidos. Trinta

---

[1] Russell BAKER. *Growing up*. Nova York: Signet Books, Nova American Library, 1982, p. 259-60.

milhões mais são subnutridos. Muitos são cristãos fiéis. Será essa a vida vitoriosa?

Quando nossa sociedade condenava os negros ao fundo dos ônibus, forçava-os a estudar em palhoças e trabalhar em banheiros, excluía-os de nossas calçadas e de nossos bancos, barrava-os de hotéis e restaurantes, de cinemas e banheiros públicos, era essa a vida vitoriosa?

Muitas das descrições da vida vitoriosa não se encaixam na realidade da minha. A hipérbole, a retórica inflada e testemunhos grandiloquentes criam a impressão de que uma vez que Jesus é reconhecido como Senhor a vida do cristão torna-se um piquenique sobre grama verde — o casamento floresce em bem-aventurança conjugal, a saúde física melhora, a acne desaparece e carreiras em declínio de repente alçam voo. Proclama-se que por vida vitoriosa deve-se entender que todo mundo é vencedor. Uma jovem atraente de vinte anos aceita Jesus e torna-se Miss América, um advogado fracassado vence o alcoolismo e derrota F. Lee Bailey no tribunal, um reserva de reserva do time de boliche dos *Green Bay Packers* vai para o *Pro Bowl*. Milagres ocorrem, conversões abundam, a frequência na igreja atinge as alturas, relacionamentos rompidos são curados, gente tímida torna-se gregária e um time de segunda divisão vence o Mundial. Descrições idílicas da vitória em Jesus são frequentemente coloridas mais por expectativas culturais e pessoais do que por Cristo e pelo evangelho maltrapilho.

O Novo Testamento pinta outro retrato de vida vitoriosa... Jesus no Calvário. A imagem bíblica da vida vitoriosa se assemelha mais a um manquejar vitorioso. Jesus foi vitorioso não porque nunca hesitou, respondeu asperamente ou questionou, mas porque, tendo hesitado, respondido asperamente e questionado, manteve-se fiel.

O que faz discípulos autênticos não são visões, êxtases, domínio de capítulos e versículos da Bíblia ou um sucesso espetacular no ministério, mas a capacidade de manter-se fiel. Fustigados pelos ventos volúveis do fracasso, surrados por suas próprias emoções rebeldes e machucados pela rejeição e pelo ridículo, os discípulos autênticos podem ter tropeçado e caído com frequência, experimentado lapsos e relapsos, ter se deixado algemar aos prazeres da carne e se aventurado em territórios distantes. Mas permanecem voltando para Jesus.

Depois que a vida traçou algumas linhas nos seus rostos, muitos seguidores de Jesus adquirem um sentido coerente deles mesmos pela primeira vez. Quando alegam modestamente: "Sou ainda um maltrapilho, mas estou diferente", estão certos. Onde o pecado abundou, superabundou a graça.

O retrato de Pedro, a rocha que provou ser um amontoado de areia, fala a todo maltrapilho em todas as gerações.

> Pedro havia construído todo o seu relacionamento com Cristo no pressuposto de que era capaz de agir da forma adequada. É por isso que foi tão difícil para ele encarar a sua negação ao Senhor. Sua força, sua lealdade e sua fidelidade eram bens fornecidos por ele ao discipulado. A falácia na mente de Pedro era a seguinte: ele cria que seu relacionamento dependia da sua consistência em produzir as qualidades pelas quais ele achava que havia angariado a aprovação do Senhor.
>
> Muitos de nós enfrentam o mesmo problema. Projetamos no Senhor nosso padrão mensurado de aceitação. Toda a nossa compreensão dele está baseada num toma lá dá cá de amor permutado. Ele nos amará se formos bons, éticos e diligentes. Mas nós trocamos as bolas: tentamos viver de modo a que ele nos ame em vez de viver porque ele nos amou.[2]

Durante a ceia do seu amor, Jesus virou-se e disse a Pedro: "Em verdade te digo que hoje, nesta noite, antes que o galo cante duas

---

[2] Lloyd OGILVIE. *Ask him anything.* Waco: Word Books, 1981, citado em Bob e W. Benson, *Disciplines for the inner life.* Waco: Word Books, 1985.

vezes, três vezes me negarás". Lembra a ostentação vazia de Pedro? "Ainda que me seja necessário morrer contigo, de modo nenhum te negarei". Transbordando de autoconfiança, Pedro confiava em seus próprios recursos. Hoje, porém, essas palavras são uma canção de louvor a Pedro. Sua restauração à graça mostrou ser tamanha reviravolta que seu protesto não é mais ostentação vazia, mas uma profecia da verdade inflexível de Deus. Pois Pedro iria de fato morrer para não negar o seu Mestre, e lembrará para sempre da sua infidelidade como o momento do triunfo da graça e do amor vencedor de Cristo.

Uma história: o virtuose do violino Pinchas Zukerman estava dando uma aula avançada para um grupo de jovens músicos que havia vindo dos quatro cantos do mundo para o Festival de Música de Aspen. O auditório estava repleto de seus pares e de eminentes professores e músicos; a atmosfera estava carregada de eletricidade. A cada um dos talentosos músicos Zukerman ofereceu amigáveis conselho e encorajamento, discutindo sua *performance* em detalhe, e empunhando inevitavelmente seu violino para demonstrar exemplos mais refinados de técnica e interpretação.

Finalmente chegou a vez de um jovem músico que apresentou uma brilhante *performance*. Quando o aplauso aquietou Zukerman cumprimentou o artista e andou até o seu próprio violino, acariciou-o, encaixou-o sob o queixo, fez uma longa pausa e então, sem tocar uma única nota ou dizer uma palavra, colocou-o gentilmente de volta no estojo. Uma vez mais o aplauso irrompeu, e desta vez foi ensurdecedor, em reconhecimento ao mestre, que era capaz de prestar tão gracioso cumprimento.[3]

Depois de sua tríplice negação, o que aguardaria Pedro se ele tivesse sido obrigado a depender da minha paciência, da minha

---

[3] Victor Rangel-Ribeiro. *Reader's Digest*, August 1989, p. 76.

compreensão, da minha compaixão? Em vez de um dar de ombros, um olhar de desdém, um tabefe ou uma maldição, Jesus respondeu com o mais sutil e mais gracioso cumprimento imaginável. Ele nomeou Pedro líder da comunidade da fé e confiou a ele a autoridade de pregar a Boa-Nova no poder do Espírito.

A manquejante negação de Pedro ao Mestre, como tantos de nossos relapsos morais e recusas à graça, não foi um fracasso terminal mas uma ocasião para um doloroso crescimento pessoal na fidelidade. Não é fantasioso imaginar que mais tarde Pedro louvou a Deus pela criada no pátio de Caifás que o delatou como covarde chorão. Nesse contexto não é de se admirar que Agostinho tenha parafraseado as palavras de Paulo, dizendo: "Para aqueles que amam a Deus, tudo trabalha para o bem, até mesmo o pecado".

Em algum ponto da nossa vida, fomos fundamentalmente tocados por um encontro profundo com Jesus Cristo. Foi uma experiência de apogeu, um momento de imensa consolação. Fomos tomados de paz, alegria, confiança, amor. Dito simplesmente, fomos arrebatados. Nossa mente e coração ressoavam com maravilha e assombro. Ficamos profundamente comovidos por algumas horas, dias ou semanas, e eventualmente retornamos às ocupações rotineiras da existência diária. Não permanecemos resolvidos.

Devagar ficamos emaranhados nas exigências do ministério ou da carreira e nas distrações que nosso agitado mundo oferece. Começamos a tratar Jesus como um velho amigo do Brooklyn que amamos intensamente em anos passados mas com o qual gradualmente perdemos contato. Isso, é claro, não foi intencional. Simplesmente permitimos que as circunstâncias nos separassem. Numa recente visita àquela cidade nunca passou pela nossa cabeça contatá-lo. Ficamos ocupados com alguma outra coisa, mesmo que tenha se mostrado muito menos estimulante e cativante. É possível que nunca tenhamos amado tanto outra pessoa quanto amamos esse amigo, mas até mesmo a lembrança tornou-se indistinta.

Acentuado pelo agnosticismo da negligência — a falta de disciplina pessoal com relação ao bombardeio da mídia, o controle da mente, as conversas estéreis, a oração pessoal e a sujeição dos sentidos —, a presença de Jesus torna-se cada vez mais remota. Da mesma forma que a falta de dedicação e atenção dissolve a confiança e a comunhão nos relacionamentos humanos, a negligência do Espírito desfaz o tecido do relacionamento divino. À medida que, olhando para o outro lado, fechamos Deus para a nossa consciência, nosso coração se esfria. Os cristãos agnósticos não negam um Deus pessoal; eles demonstram a sua descrença quando ignoram o sagrado. A trivialidade da nossa vida é mudo testemunho da surrada mobília de nossa alma.

Nossos dias vão assim se tornando cada vez mais triviais. "Ficamos presos num labirinto frenético. Levantando quando o relógio determina. Bombardeados por manchetes de jornal que parecem remotas e além do alcance. Extenuados por todas as operações mecânicas que nos lançam à atividade e à produtividade. Testados pelo tráfego, forçados a calcular tempo e distância a nível de segundo. Elevadores, telefones e engenhocas guiam-nos pelas interações necessárias e mantêm as interações humanas superficiais e num nível mínimo. Nossa concentração é interrompida por reuniões e pequenas crises. No fim do dia, rebobinamos a nós mesmos: tráfego, automação, manchetes, até que o alarme do relógio imponha a acordar de amanhã. Rotinas de procedimentos e de *timing*. Pouco espaço para responder humanamente e com humanidade aos eventos diários; pouco tempo para adentrar a sabedoria e o vigor e a promessa de suas oportunidades. Sentimos nossa vida sufocando-nos, confinando-nos e moldando-nos".[4]

Estabelecemos e nos conformamos a vidas de piedade confortável e de virtude bem-alimentada. Tornamo-nos complacentes e

---

[4] Joan PULS. A *spirituality of compassion*, p. 119.

vivemos vidas práticas. Nossas débeis tentativas de orar são repletas de frases pomposas direcionadas a uma divindade impassível. Até mesmo ocasiões de adoração tornam-se triviais.

É este o manquejar vitorioso frequentemente vivido por este escritor. Em momentos diferentes da jornada tentei encher o vazio que acompanha muitas vezes a presença de Deus por meio de uma variedade de substitutos: escrever, pregar, viajar, televisão, cinema, sorvete, relacionamentos superficiais, esportes, música, devaneio, álcool etc. Como diz Annie Dillard: "Há sempre uma enorme tentação de se embromar fazendo amigos efêmeros, refeições efêmeras e viagens efêmeras ao longo de anos efêmeros sem fim".[5] Ao longo do caminho optei pela escravidão e perdi todo o desejo de liberdade. Amei meu cativeiro e aprisionei a mim mesmo no desejo por coisas que eu odiava. Endureci meu amor contra o amor verdadeiro. Abandonei a oração e fugi da simples santidade da minha vida. Num determinado dia, quando a graça me arrebatou e voltei à oração, meio que esperei que Jesus replicasse: "Brennan quem?".

Nenhum dos meus fracassos na fidelidade mostrou-se terminal. Vez após outra uma graça radical agarrou-me nas profundezas do meu ser, levou-me a aceitar a posse das minhas infidelidades e conduziu-me de volta ao quinto passo do programa dos AA: "Reconhecer diante de Deus, de outro ser humano e de mim mesmo a exata natureza de minha transgressão".

O perdão de Deus é uma libertação gratuita da culpa. Paradoxalmente, a convicção da pecaminosidade pessoal torna-se ocasião para um encontro com o amor misericordioso do Deus redentor. "Haverá maior júbilo no céu por um pecador que se arrepende..." (Lc 15:7). Em sua devastação, o pródigo arrependido experimenta

---

[5] Annie DILLARD. *Pilgrim at tinker creek*. Nova York: Harper's Magazine Press, 1974, p. 276.

uma intimidade com o pai que seu irmão sem pecado e cheio de justiça própria nunca chegaria a conhecer.

Quando Jesus perdoou os pecados do paralítico, alguns escribas pensaram consigo mesmos: "Quem pode perdoar pecados, senão Deus?" (Mc 2:7, ARC). Quão iluminados foram eles em sua cegueira! Apenas Deus sabe como perdoar. Nossas desajeitadas tentativas humanas de perdoar criam muitas vezes mais problemas do que resolvem. Cheios de condescendência, nós esmagamos e humilhamos o pecador com nossa insuportável magnanimidade. Ele pode sentir-se perdoado mas completamente destituído de segurança, consolação e encorajamento. Apenas Deus sabe como perdoar e colocar todos os quatro juntos. O pai do pródigo verdadeiramente disse: "Shh, menino. Não preciso saber onde você esteve ou o que tem aprontado".

O evangelho da graça anuncia: o perdão precede o arrependimento. O pecador é aceito antes de implorar por misericórdia. Ela já é assegurada. Ele precisa apenas aceitá-la. Anistia total. Perdão gracioso. "Só Deus é capaz de tornar o perdão algo glorioso de se lembrar. Ele tem tanto prazer em nos perdoar que aqueles que lhe proporcionaram essa alegria não se sentem como pestinhas repulsivos e importunos, mas como crianças mimadas, compreendidas e encorajadas, agradáveis e úteis para ele, infinitamente melhores do que se consideravam. 'Que erro feliz!', eles poderiam gritar. Se não fôssemos pecadores e não precisássemos do perdão mais do que de pão, não teríamos como saber quão profundo é o amor de Deus".[6]

Quando o filho pródigo coxeou até sua casa depois de sua prolongada farra de devassidão e vadiagem, bebedeira e promiscuidade, suas motivações eram, na melhor das hipóteses, incertas. Ele disse a si mesmo: "Quantos trabalhadores de meu pai têm abundância

---

[6] Louis EVELY. *That man is you*. Nova York: Paulist Press, 1964, p. 121.

de pão, e eu aqui pereço de fome! Levantar-me-ei, e irei ter com meu pai" (Lc 15:17,18; ARC). O estômago do maltrapilho não estava doendo de remorso porque ele havia partido o coração do pai. Ele cambaleou para casa simplesmente para sobreviver. Sua permanência numa terra distante o havia deixado falido. Os dias de vinho e rosas o haviam deixado atordoado e desiludido. O vinho azedou e as rosas murcharam. Sua declaração de independência havia ceifado uma colheita inesperada: não liberdade, alegria e uma vida nova, mas cativeiro, tristeza e um embate com a morte. Os amigos da onça haviam transferido suas lealdades quando o seu cofrinho se esvaziou. Desencantado com a vida, o gastador traçou o caminho de volta para casa, não ardendo de desejo de ver seu pai, mas de apenas permanecer vivo.

Para mim, o versículo mais tocante da Bíblia inteira é a reação do pai: "E, quando ainda estava longe, viu-o seu pai, e se moveu de íntima compaixão, e, correndo, lançou-se-lhe ao pescoço, e o beijou" (Lc 15:20; ARC). Emociona-me que o pai não tenha submetido o rapaz a interrogatório cruzado, que não o tenha intimidado, que não tenha dado um sermão sobre ingratidão, que não tenha insistido em qualquer motivação superior. Ele ficou tão alegre ao ver o filho que ignorou todos os cânones da prudência e da austeridade parental e simplesmente acolheu-o em casa. O pai tomou-o de volta como ele estava.

Que palavra de encorajamento, consolo e conforto! Não sondamos nosso coração e analisamos nossas intenções antes de voltar para casa. Abba quer apenas que apareçamos. Não temos de fazer hora na taberna até que surja a pureza de coração. Não temos de ser retalhados pelo pesar ou esmagados pela contrição. Não temos de ser perfeitos, ou mesmo muito bons antes que Deus nos aceite. Não temos de chafurdar na culpa, na vergonha, no remorso e na autocondenação. Mesmo se alimentamos uma nostalgia secreta pela terra distante, Abba desmorona em nosso pescoço e nos beija.

Mesmo se voltamos porque não conseguimos nos sustentar por nós mesmos, Deus nos acolhe. Ele não busca explicações para nossa repentina aparição. Ele está contente que estejamos lá e quer dar-nos tudo que desejamos.

Henri Nouwen escreve: "Com os olhos da mente vejo a pintura de Rembrandt A *volta do filho pródigo*. O pai de olhos mortiços abraça junto ao peito, com amor incondicional, o filho que retornou. As duas mãos, uma forte e masculina, outra gentil e feminina, repousam sobre os ombros do filho. Ele não está olhando para o filho, mas sente seu corpo jovem e cansado e deixa-o descansar no seu abraço. Seu vasto manto vermelho é como as asas de uma mãe-pássaro cobrindo sua frágil ninhada. Ele parece pensar numa única coisa: ele voltou, e estou contente de tê-lo comigo de novo. Por que então adiar? Deus está ali em pé de braços abertos, esperando para me abraçar. Ele não fará nenhuma pergunta sobre o meu passado. Ter-me de volta é tudo que ele deseja".[7]

A parábola do filho pródigo é uma das muitas faces da fidelidade. É também um retrato chão e honesto do manquejar vitorioso.

Também o é o filme *O homem que não vendeu a sua alma* [*A man for all seasons*], vencedor do Oscar de 1966, o emocionante relato da fidelidade de um homem a si mesmo e a Cristo a todo custo. Thomas More, primeiro-ministro da Inglaterra, foi aprisionado na Torre de Londres por recusar-se a obedecer à Coroa. Ele é visitado por sua filha Meg, que implora que ele mude de ideia para salvar sua vida. More explica que, se jurasse lealdade a Henrique VII, estaria sendo infiel a sua consciência e traindo Jesus.

---

[7] Henri J. M. NOUWEN. "The prodigal comes home", *National Catholic Reporter*, 4 de agosto de 1989.

Ela argumenta que não é culpa dele que o Estado seja em sua maior parte corrupto, e que se escolher sofrer por ele estará assumindo para si mesmo o papel de herói. O pai replica: "Meg, se vivêssemos num Estado em que a virtude fosse lucrativa, o bomsenso nos faria bons e a ganância nos faria piedosos. E viveríamos como animais ou anjos na feliz terra que não carece de heróis. Mas já que normalmente vemos a avareza, a ira, a inveja, o orgulho, a preguiça, a luxúria e a estupidez rendendo muito mais do que a humildade, a castidade, a bravura, a justiça e a ponderação, e temos de escolher ser humanos de todo, talvez devamos então perseverar um pouquinho, mesmo ao risco de nos tornarmos heróis".[8]

Em 1535, More foi para o patíbulo alegremente na liberdade de rei do homem cristão. Ele orou brevemente pela misericórdia de Deus, abraçou seu executor — que implorou perdão —, confessou sua fé cristã e conclamou os presentes a orarem pelo rei, dizendo que morria "bom servo do rei, mas de Deus em primeiro lugar". Suas últimas palavras foram uma piada sobre sua barba, que ele dispôs sobre o cadafalso de modo que não fosse cortada, já que sua barba pelo menos não era culpada de traição.

Thomas More, homem do mundo vestindo trajes seculares, vivendo numa cidade secular e cercado por família, posses e pelas obrigações da vida pública, foi *fiel*. Não porque era livre de falhas e pecados; ele os tinha, como todos nós, e confessou-os muitas vezes antes de morrer. Mas com todas as suas fraquezas e falhas ele fez a escolha radical de ser verdadeiro consigo mesmo e com seu Cristo no supremo teste do martírio.

Em 1929, G. K. Chesterton vaticinou: "Sir Thomas More é mais importante neste momento do que em qualquer outro momento desde sua morte, talvez até mais do que no grande momento de

---

[8] Robert BOLT. *A man for all seasons*. Nova York: Random House, 1960, p. 140.

sua morte; mas não é tão importante agora quanto será daqui a cem anos".[9] Sua vida é uma declaração atemporal — é possível viver-se neste mundo de forma sóbria, honesta, não fanática, não pietista, séria e ao mesmo tempo jubilosa: fiel. Qual é a mensagem da vida desse homem? Faça uma escolha radical na fé, a despeito de toda a sua pecaminosidade, e sustente-a ao longo da vida diária por Cristo, o Senhor, e seu reino.

Os cristãos maduros que conheci ao longo do caminho são aqueles que falharam e aprenderam a viver de forma graciosa com seu fracasso. A fé requer a coragem de arriscar tudo em Jesus, a disposição de continuar crescendo e a prontidão de arriscar o fracasso ao longo de toda a nossa vida. O que querem dizer essas coisas, especificamente?

Arriscar tudo em Jesus: o evangelho maltrapilho afirma que não temos como perder, porque não temos nada a perder. A fidelidade a Jesus implica que com todos os nossos pecados, cicatrizes e inseguranças, mantemo-nos em pé diante dele; que somos formados e informados pela sua Palavra; que reconhecemos que o aborto e as armas nucleares são duas faces da mesma moeda cunhada no inferno; que tomamos partido ao lado do Príncipe da Paz e recusamo-nos a nos ajoelhar diante do altar da segurança nacional; que somos um povo de Deus doador de vida e não negociador de morte; que vivemos sob o signo da cruz e não sob o signo da bomba.

A disposição de continuar crescendo: a infidelidade é uma recusa a *tornar-se*, uma rejeição da graça (graça inativa é uma ilusão) e uma recusa a sermos nós mesmos. Há muito tempo li uma oração composta pelo falecido General Douglas MacArthur:

[9] G. K. CHESTERTON. *The fame of blessed Thomas More*. Nova York: Sheed and Ward, 1929, p. 63.

A juventude não é um período de tempo. É um estado de espírito, um resultado da vontade, uma qualidade da imaginação, uma vitória da coragem sobre a timidez, do gosto pela aventura sobre o amor ao conforto. Um homem não precisa ficar velho porque viveu um determinado número de anos. Os anos podem enrugar a sua pele, mas o desertar dos ideais enruga a alma. As preocupações, os medos, as dúvidas e o desespero são os inimigos que devagar nos fazem prostrar em direção à terra e transformam-nos em poeira antes da morte. A sua vontade permanece jovem enquanto você está aberto para o que é belo, bom e grande; receptivo para as mensagens de outros homens e mulheres, da natureza e de Deus. Se um dia você se tornar amargo, pessimista e consumido pelo desespero, Deus tenha piedade da sua alma de velho.

A prontidão para arriscar o fracasso: muitos de nós são assombrados pelo nosso fracasso em fazermos em nossa vida o que ansiávamos realizar. A disparidade entre nosso eu ideal e nosso eu real, o macabro espectro de nossas infidelidades passadas, a consciência de que não estou vivendo o que creio, a implacável pressão da conformidade e a nostalgia pela inocência perdida reforçam um senso torturante de culpa existencial: eu fracassei. Essa é a cruz que nunca esperamos, e aquela que achamos mais difícil de carregar.

Certa manhã, em oração, ouvi esta palavra:

"Irmãozinho, fui testemunha de um Pedro que alegou que não me conhecia, um Tiago que queria poder em troca do serviço do reino, um Filipe que foi incapaz de ver o Pai em mim, e incontáveis discípulos que acharam que o Calvário era o meu fim. O Novo Testamento está repleto de exemplos de homens e mulheres que começaram bem e vacilaram ao longo do caminho.

Ainda assim, na noite de Páscoa apareci a Pedro. Tiago não é lembrado pela sua ambição, mas pelo sacrifício de sua vida por mim. Filipe viu o Pai em mim quando apontei o caminho, e os discípulos que haviam perdido suas esperanças tiveram coragem suficiente para me reconhecer quando parti o pão no fim da estrada de Emaús. O que estou querendo dizer, irmãozinho, é o seguinte: *Espero mais fracasso de você do que você mesmo.*

O maltrapilho que vê sua vida como uma viagem de descoberta e resolve correr o risco de falhar sente-se melhor a respeito de sua fidelidade do que o homem tímido que se esconde atrás da lei e nunca descobre, de modo algum, quem realmente é. Winston Churchill disse-o bem: "O sucesso nunca é final; o fracasso nunca é fatal. É a coragem que conta".

Certa noite, um caro amigo de Roslyn, chamado Joe McGill, estava orando sobre a seguinte passagem de João: "No princípio era o Verbo, e o Verbo estava com Deus, e o Verbo era Deus. [...] E o Verbo se fez carne e habitou entre nós..." (Jo 1:1,14). Na iluminada escuridão da fé ele ouviu Jesus dizendo: "Sim, o Verbo se fez carne. Escolhi adentrar o seu alquebrado mundo e manquejar vida afora com você".

No dia final, quando chegarmos ao Grande Chalé no céu, muitos de nós estarão ensanguentados, fustigados, contundidos e mancando. Mas, por Deus e por Cristo, haverá uma luz na janela e uma placa de "bem-vindo ao lar" na porta.

CAPÍTULO ONZE

UM TOQUE DE DESATINO

Em 1982, quando mudei-me de Clearwater, na Flórida, para Nova Orleans, e Roslyn e eu começamos nossa vida juntos, fiz alguma pesquisa sobre as origens da fé cristã em nossa região. Vasculhando os arquivos, acabei encontrando um fascinante fragmento de informação.

Há mais de cem anos, na região do sul dos Estados Unidos, uma expressão que é muito comum na cultura cristã dos nossos dias, *nascido de novo*, era usada raramente ou nunca. Em vez disso, a frase usada para descrever o salto para um relacionamento com Jesus Cristo era: "fui tomado pelo poder de uma grande afeição".*

Essas palavras descrevem tanto a iniciativa de Deus quanto a explosão interior do coração quando Jesus, em vez de permanecer um rosto de santinho, com cabelo comprido e um manto de muitas dobras, torna-se real, vivo e Senhor da vida pessoal e profissional. Tomado pelo poder de uma grande afeição é uma descrição viceral do fenômeno do Pentecostes: conversão autêntica e liberação do Espírito Santo. A frase dava novo significado ao velho provérbio

---

*O termo *affection* pode significar, além de afeição, "moléstia", "perturbação". (N. do T.)

russo: "Aqueles que contraem a moléstia chamada Jesus jamais serão curados".

Em março de 1986, tive o privilégio de passar uma tarde com uma família *amish* em Lancaster, na Pensilvânia. Tenho há muito tempo profundo respeito e admiração pela comunidade *amish*. Cada um de nós tem um sonho, uma visão de vida, que corresponde as nossas convicções, incorpora nosso caráter único e expressa o que há de vivificador em nós. Quer seja altruísta ou ignóbil, o sonho dá definição a nossa vida, influencia as decisões que fazemos, os passos que tomamos e as palavras que dizemos. Diariamente fazemos escolhas que são ou consistentes com nossa visão ou contrárias a ela. Uma vida de integridade é uma vida de fidelidade a um sonho. Como comunidade, os *amish*, a grande custo pessoal, entalharam um modo de vida que reveste de carne e osso o sonho deles.

Jonas Zook é um viúvo de 82 anos. Ele e seus filhos criam leitões para sobreviver. A filha mais velha, Bárbara, de 57 anos, gerencia a casa. Os três filhos mais novos, Raquel, com 53, Elam, com 47, e Sam, com 45, são todos gravemente retardados. Quando cheguei ao meio-dia com dois amigos, o pequeno Elam — com cerca de 1,20 de altura, atarracado e de barba espessa, vestindo o traje negro *amish* e o chapéu circular — estava saindo de um celeiro a uns cinquenta metros, forcado nas mãos. Ele nunca havia colocado os olhos em mim na sua vida; ainda assim, quando me viu sair do carro, esse pequeno mongoloide deixou cair o forcado e veio correndo à toda na minha direção. À distância de sessenta centímetros, ele arremessou-se sobre mim, envolveu seus braços ao redor do meu pescoço e suas pernas ao redor da minha cintura e beijou-me nos lábios com feroz intensidade por completos trinta segundos.

Bom, fiquei por um instante perplexo e terrivelmente embaraçado. Mas num piscar de olhos Jesus libertou-me do decoro:
enterrei meus lábios nos de Elam e devolvi seu beijo com o mesmo entusiasmo. Ele então pulou para o chão, envolveu ambas
as mãos ao redor do meu braço direito e conduziu-me para um
passeio pela fazenda.

Meia hora depois, Elam estava sentado ao meu lado no almoço. Perto do meio da refeição, virei-me para dizer alguma coisa.
Inadvertidamente, meu cotovelo direito golpeou com força a caixa
torácica de Elam. Ele não recuou nem se queixou. Elam derramou
lágrimas como uma criança de dois anos de idade. Seu gesto seguinte me desmontou.

Elam veio até a minha cadeira, pôs-se no meu colo e beijou-me
com ainda mais vigor nos lábios. Depois beijou-me os olhos, o nariz,
a testa e as bochechas.

E ali estava Brennan, atordoado, emudecido, chorando e repentinamente *tomado pelo poder de uma grande afeição*. Em sua completa
simplicidade, o pequeno Elam Zook era uma representação de
Jesus Cristo. Por quê? Porque naquele momento o seu amor por
mim não se originava em qualquer atratividade minha. Não estava
condicionado a qualquer resposta de minha parte. Elam me amava
quer eu fosse bondoso ou cruel, agradável ou perverso. Seu amor
surgia de alguma fonte exterior a ele mesmo ou a mim.

Como frequentemente acontece em momentos profundos como
esse, recordei uma passagem de um livro que havia lido anos antes. Discutindo a trágica história dos índios americanos, o autor
observa que os nativos iroqueses atribuíam a divindade a crianças
retardadas: concediam-lhes posição de honra na tribo e tratavam-
-nas como deuses. Em sua liberdade desembaraçada, eles eram uma
janela transparente para o Grande Espírito — para o coração de
Jesus Cristo, que nos ama como somos e não como deveríamos ser,

em estado de graça ou de desgraça, além de qualquer precaução, limite, arrependimento ou ponto de ruptura.[1]

Num mundo roto e rasgado, é necessário um toque de desatino para crer-se que "até mesmo quando nossas escolhas são destrutivas e suas consequências danosas, Deus permanece inabalável. Dessa forma, a despeito de nosso isolamento e de nossa defensividade, Deus permanece constantemente aberto e vulnerável a nós".[2] À medida que encrespa o mar do sofrimento humano, somos duramente pressionados por provas de que o Jesus crucificado e ressurreto venceu todo poder, principado e autoridade, despojou-os como uma roupa e conduziu-os cativos em sua vitoriosa procissão.

O triste destino dos nativos americanos é uma lembrança pungente que se recusa a ir embora. Eles são desabrigados, tendo perdido sua cultura, sua terra, seu orgulho e sua esperança.

Refugiados do Afeganistão, do Haiti, de Cuba e das ilhas do Pacífico Sul fluem para nossas costas e são muitas vezes depositados em favelas e guetos inadequados para a habitação humana. Mendigos, indigentes e deficientes mentais espreitam nas ruas de nossas cidades. Pequenos proprietários de terra são exterminados pela invasão dos agronegócios. A mineração desenfreada violentou a terra. O crime de colarinho branco em Wall Street e a fraude governamental em Washington devastam o moral americano. Vítimas de aids são marginalizadas e preteridas como indesejáveis. A dependência de drogas devasta nossa juventude e coloca nosso amanhã em mãos incertas. Clérigos mercenários são a coisa mais comum. O antissemitismo e o racismo são profundas cicatrizes na consciência nacional. Depois de dois mil anos, o Corpo de Cristo

---

[1] Essa compreensão e essa história da visita à família Amish proveram-me de nova percepção da experiência de "nascer de novo". Uma obra anterior minha, *The signature of Jesus*, contém esse relato.

[2] Gerald G. MAY. *Addiction and grace*, p. 92.

permanece terrivelmente dividido em doutrina, história e vida diária. Histórias escabrosas a respeito da desunião cristã salpicam as páginas de revistas e jornais. O Corpo da Verdade está sangrando de mil ferimentos.

Não é de se admirar que muitos cristãos estejam hoje desiludidos, dilapidados e exauridos. O desolador cenário da aldeia global introduziu desencorajamento, desilusão e o que Parker Palmer chama de "ateísmo funcional" — a crença de que nada está acontecendo a não ser que estejamos fazendo acontecer. Embora com nossa linguagem cristã continuemos louvando a Deus da boca para fora, nosso modo de funcionar pressupõe a ideia de que Deus está morto ou em coma. Ser tomado pelo poder de uma grande afeição não parece ter qualquer relação com o mundo real em que vivemos. Não é preciso então uma boa medida de insanidade para ouvir-se as loucas melodias do evangelho maltrapilho?

Sim, é preciso. Como disse Zorba, o grego, ao seu empregador: "É difícil, patrão, muito difícil. É preciso um toque de desatino para fazer; desatino, está entendendo? Você tem de arriscar tudo". Afinal, o discipulado é uma vida de sublime loucura.

A verdade do evangelho de Jesus Cristo não sobe e desce diante de questões como a corrupção do clero, a exploração dos pobres, a mesquinharia das multinacionais ou o fanatismo irracional das ditaduras modernas. Ele merece ser aceito ou rejeitado pelo que é — uma resposta à pergunta mais fundamental que alguém pode fazer: a vida é absurda ou tem um propósito? Jesus responde que não apenas nossa vida tem propósito, mas que Deus interveio nos negócios humanos a fim de deixar abundantemente claro qual seja esse propósito.

Qual é a natureza da Realidade Última? Jesus responde que o Realmente Real é amor generoso, perdoador e salvador.

Triunfará a vida sobre a morte no final? Com inabalável confiança Jesus responde: o reino do meu Pai não pode ser vencido nem mesmo pela morte. No final tudo dará certo, nada pode causar-lhe dano permanente; nenhuma perda é duradoura, nenhuma derrota mais do que transitória, nenhum desapontamento conclusivo. O sofrimento, o fracasso, a solidão, o pesar, o desencorajamento e a morte serão parte de nossa jornada, mas o reino de Deus vence todos esses horrores. Nenhum mal pode resistir à graça para sempre.

Se você for rejeitar o evangelho maltrapilho e der as costas ao cristianismo, faça-o por achar que as respostas de Jesus são inacreditáveis, blasfemas ou irremediavelmente otimistas. "Rejeite o cristianismo por cinismo, se você quiser, dê as costas a ele por acreditar que a Realidade é maligna e punitiva; escolha um Deus que é caprichoso, vingador ou descuidado, ou determinado a colocar o homem no seu lugar, se um Deus assim é mais do seu agrado. Se não é capaz de aceitar a ideia de que o amor está no cerne do universo, esse é um direito seu. Se não crê que o Absoluto deseja apaixonadamente ser nosso amigo e amante, então fique por favor à vontade para rejeitar essa noção aparentemente absurda. Se não crê que possuímos o entusiasmo, a força, a coragem e a criatividade necessários para amar uns aos outros como amigos, então jogue depressa essa ideia na lixeira. E se você acha ridículo crer que a vida triunfará sobre a morte, então não perca o seu tempo com o cristianismo, porque você não pode ser cristão se não acreditar nisso".[3]

Na Palestina do primeiro século, o povo da Judeia e da Galileia fez tudo para esquivar-se da proclamação do reinado de Deus. Jesus

---

[3] Andrew GREELEY. *What a modern catholic believes about God*. Chicago: Thomas More Press, 1971, p. 91-2. Antes de dar início a sua carreira como romancista, Greeley escreveu dois livros sobre a teologia do Antigo e do Novo Testamento e demonstrou um notável dom de síntese.

anunciou que a velha era havia passado, que uma nova era surgia, e que a única resposta apropriada era ser cativado de assombro e de alegria.

Seus ouvintes não diziam: "Sim, rabi, cremos no Senhor", ou: "Não, rabi, cremos que o Senhor é um tolo". Ao contrário, perguntavam: "E os sanguessugas dos romanos?" ou "Quando o Senhor vai fazer um sinal apocalíptico?" ou "Por que o Senhor e os seus discípulos não estão dentro da lei judaica?" ou "De que lado o Senhor está com respeito a essas diversas controvérsias legais?".

Jesus replicava que os romanos não eram a questão, que a lei não era a questão, que milagres cósmicos não eram a questão. O amor implacável de Deus era a questão e, diante dessa revelação, os romanos e a Torá eram secundários. Sua audiência, porém, recusava-se teimosamente a admitir que a Torá podia ser secundária, ou que o domínio romano sobre a Palestina pudesse ser marginal. A Torá e Roma — eram essas as questões relevantes, os problemas fundamentais. "O que o Senhor tem a dizer a respeito disso, rabi?"

Uma vez mais, Jesus respondia que não tinha vindo para discutir a Lei ou desafiar o Império Romano. Tinha vindo anunciar a Boa-Nova de que o Realmente Real é o amor e convidar homens e mulheres a uma resposta jubilosa a esse amor.

Críticos sóbrios, obstinados e realistas simplesmente sacudiam a cabeça. "Por que ele não enfoca as questões críticas?"

Desde o dia em que Jesus apareceu em cena desenvolvemos vastos sistemas teológicos, organizamos igrejas de alcance mundial, enchemos bibliotecas de brilhante erudição cristã, engajamo-nos em controvérsias devastadoras e embarcamos em cruzadas, reformas e reavivamentos. Ainda assim há pouquíssimos de nós com desatino suficiente para fazer a louca troca de tudo por Jesus; apenas um remanescente com a confiança de arriscar tudo no evangelho da graça; apenas uma minoria que cambaleia com a delirante alegria do homem que encontrou um tesouro enterrado.

Foram o cinismo, o pessimismo e o desespero que obscureceram o ministério de Jesus e, como diz o velho provérbio francês, [*Plus ça change, plus c'est la meme chose*]: [*Quanto mais as coisas mudam, mais permanecem as mesmas*].

Com o risco de soar como um pregador sertanejo, permita-me levantar algumas perguntas íntimas e pessoais a respeito do seu relacionamento com Jesus de Nazaré. Você vive cada dia na bendita segurança de que foi salvo pela graça única de nosso Senhor Jesus Cristo? Depois de cair de cara no chão, você permanece ainda firmemente convencido de que a estrutura da realidade está fundamentada não sobre as obras mas sobre a graça? Você é instável e melancólico porque permanece ainda lutando pela perfeição que vem pelos seus próprios esforços e não da fé em Jesus Cristo? Você fica chocado e horrorizado quando cai? Você está realmente consciente de que não tem de mudar, crescer ou ser bom para ser amado?

Você está tão certo do triunfo do bem sobre o mal quanto do azedar da massa por meio do fermento? Embora determinado dia você possa sentir-se mais deprimido do que nunca, sua vida está geralmente mais orientada na direção da paz e da alegria? Você se sente diminuído pela percepção que as outras pessoas têm de você, ou pela sua própria definição de si mesmo? Você possui um toque de desatino que transcende a dúvida, o medo e o rancor contra você mesmo, de modo a aceitar que é aceito?

Se não, você provavelmente faz parte da irmandade dos desiludidos, dilapidados e exauridos. Você talvez se sinta como uma tora reduzida a carvão, sua energia totalmente drenada, incapaz de acender qualquer fogo em si mesmo. Seus recursos interiores parecem estar completamente esgotados.

Louis Savary descreve a irmandade da seguinte forma: "Sua vida é repleta das exigências de outros. Eles parecem estar vivendo pelo menos três vidas; cada um quer um pedaço deles; não sabem dizer não e não lhes resta tempo para as coisas para as quais já disseram sim (...) Eles não conseguem encontrar a clareza de espírito e as informações necessárias nas quais fundamentar suas decisões (...) fizeram um grande investimento em relacionamentos e obtiveram pouca gratidão, retorno ou até mesmo reconhecimento dos outros. 'Embora a não reciprocidade seja inevitável e aceitável', escreve Mitchell, 'é também extenuante. Ninguém consegue manter-se muito tempo numa profissão de auxílio sem sentir o seu impacto'".[4]

O primeiro passo no caminho do rejuvenescimento é aceitar quem você é e expor sua pobreza, fragilidade e vazio ao amor que é tudo. Não tente sentir nada, pensar em nada, fazer nada. Com toda a boa vontade do mundo, você não seria capaz de fazer qualquer coisa acontecer. Não force a oração. Simplesmente relaxe na presença de Deus em que você meio que acredita e peça por um toque de desatino.

O poeta indiano Tagore coloca da seguinte forma:

> Não, não cabe a você abrir os botões em flor.
> Sacuda o botão, golpeie,
> está além do seu alcance fazê-lo desabrochar.
> Seu toque o estraga.
> Você arranca as pétalas em pedaços
> e asperge-as ao chão,
> Mas nenhuma cor surge e nenhum perfume.
> Ah! não cabe a você abrir os botões em flor.
> Ele que é capaz de abrir o botão o faz tão singelamente.

[4] Louis M. Savary & Patricia H. Berne. *Prayerways*. San Francisco: Harper & Row, 1980, p. 7.

Ele apenas olha e a seiva da vida se movimenta nas suas veias.
Ao seu hálito a flor estende suas asas
e tremula ao vento.
As cores lampejam como um anseio do coração,
e o perfume delata um doce segredo.
Ele que é capaz de abrir o botão o faz tão singelamente.

Em seguida, tente este simples exercício de fé: feche gentilmente os olhos e assuma qualquer posição confortável para você, desde que mantenha a coluna reta: em pé, sentado, ajoelhado ou deitado de costas com os joelhos dobrados. Imagine Jesus olhando para você do modo que ele olhou para o apóstolo João no cenáculo quando, num gesto incrível de intimidade, ele pousou a cabeça no peito de Jesus, ou o modo como ele olhou para a mulher pecadora que lavava seus pés com lágrimas e secava com o cabelo. Por dez minutos ore repetidamente a primeira estrofe do Salmo 23: "O SENHOR é o meu pastor; nada me faltará".

Nos dez minutos seguintes ore sobre a seguinte passagem de Oseias, e cada vez que encontrar a palavra *Israel*, substitua-a com seu próprio nome:

Quando Israel era menino, eu o amei;
Eu (o) ensinei a andar;
tomei-(o) nos meus braços,
mas não (atinou) que eu (o) curava.
Atraí-(o) com cordas humanas,
com laços de amor;
fui para (ele) como quem alivia o jugo de sobre as suas queixadas,
e me inclinei para dar-(lhe) de comer.
Como te entregaria, ó Israel?
Como te faria como a Admá?
Como fazer-te um Zeboim?
Meu coração está comovido dentro de mim,
as minhas compaixões, à uma, se acendem.

Não executarei o furor da minha ira;
não tornarei para destruir a Efraim,
porque eu sou Deus e não homem,
o Santo no meio de ti;
não voltarei em ira.

Oseias 11:1*a*,3,4,8*c*,9

Finalmente, nos últimos cinco minutos deste exercício de fé, leia devagar, em voz alta, as três passagens a seguir:

Portanto, eis que eu a atrairei, e a levarei para o deserto, e lhe falarei ao coração. E lhe darei as suas vinhas dali, e o vale de Acor, por porta de esperança; e ali cantará, como nos dias de sua mocidade e como no dia em que subiu da terra do Egito.

Oseias 2:14,15; VR

O SENHOR me chamou desde o meu nascimento, desde o ventre de minha mãe fez menção do meu nome (...). Acaso, pode uma mulher esquecer-se do filho que ainda mama, de sorte que não se compadeça do filho do seu ventre? Mas ainda que esta viesse a se esquecer dele, eu, todavia, não me esquecerei de ti. Eis que nas palmas das minhas mãos te gravei; os teus muros estão continuamente perante mim.

Isaías 49:1,15,16

Que diremos, pois, à vista destas coisas? Se Deus é por nós, quem será contra nós? Aquele que não poupou o seu próprio Filho, antes, por todos nós o entregou, porventura, não nos dará graciosamente com ele todas as coisas?

Romanos 8:31,32

Se você tiver oportunidade de celebrar uma Páscoa na França, quer numa grande metrópole como Paris, Bordeaux, Lyon ou Dijon ou num vilarejo como Saint-Remy (onde vivi por seis meses), verá uma frase escrita nas paredes dos prédios e nas laterais dos ônibus, em letras manuscritas ou impressas. Você ouvirá essa frase cantada, salmodiada e recitada nas igrejas; você a ouvirá trocada como saudação de Páscoa pelas pessoas que passam nas ruas: "*L'amour de Dieu est folie!*" — O amor de Deus é desatino.

Nestas páginas gaguejei e tartamudeei na incerta tentativa de sugerir a devastadora realidade do amor furioso de Deus. Como um velho mineiro bateando suas velhas lembranças, debrucei-me novamente nas Escrituras a fim de ouvir a autorrevelação de Deus. Li centenas de livros bíblicos, teológicos e espirituais buscando uma compreensão mais profunda do evangelho da graça. Empreguei livremente narrativa, figura, poesia, simbolismo, a linguagem da metáfora e da narrativa em prosa a fim de comunicar alguma coisa do amor apaixonado do nosso apaixonado Deus. Reconhecendo minhas limitações, não serei duro comigo mesmo, porque sei que chegará a hora e o lugar em que poderemos dizê-lo de todo. O segredo do mistério é: Deus é sempre maior. Não importa quão grande pensemos que ele seja, seu amor é sempre maior.

Conta a história que Tomás de Aquino, talvez o maior teólogo do mundo, parou repentinamente de escrever perto do fim de sua vida. Quando seu amanuense reclamou que sua obra estava incompleta, Tomás respondeu: "Irmão Reginaldo, quando eu estava em oração há alguns meses, experimentei algo da realidade de Jesus Cristo. Naquele dia perdi todo o apetite por escrever. Na verdade, tudo o que escrevi sobre Cristo me parece agora como palha".[5]

L'amour de Dieu est folie! Ele alcança os maltrapilhos em todos os lugares. Minha única exortação — andemos juntos. Minha única oração — que Jesus Cristo nos converta ao desatino do evangelho.

---

[5] Anthony de MELLO. *Taking flight: a book of story meditations*, p. 39.

D epois de terminar *O Evangelho Maltrapilho*, um leitor ponderado poderia refletir: "Hmmm. O sujeito tem alguns bons
argumentos, mas o livro parece muito tendencioso. Brennan fala
sem parar sobre Abba, Jesus, graça radical, compaixão e o furioso
amor de Deus, mas diz pouco sobre moralidade. Acho que ele jogou
com cartas marcadas".

A Bíblia é a história de amor de Deus com seu povo. Deus
chama, persegue, perdoa e cura. Mesmo nossa resposta a seu amor
é dádiva dele.

Suponhamos que você tenha me adiantado um milhão de dólares para minhas necessidades pessoais. Um ano depois, você requer
que eu comece a fazer pagamentos de dez mil dólares mensais,
livres de juros, para cobrir o seu débito. No primeiro dia de cada
mês, exatamente quando sento para preencher o cheque, chega
o correio da manhã. Você mandou-me um cheque de dez mil
dólares para cobrir o meu pagamento. Você continua a fazê-lo até
que todo o meu débito esteja quitado. Fico atordoado e protesto:
"Está tudo às avessas!".

Deus está enamorado do seu povo e tão determinado a ser
retribuído que provê até mesmo a graça de retribuir: "iluminados

os olhos do vosso coração, para saberdes qual é a esperança do seu
chamamento, qual a riqueza da glória da sua herança nos santos
e qual a suprema grandeza do seu poder para com os que cremos,
segundo a eficácia da força do seu poder" (Ef 1:18,19).

O amor de Deus é simplesmente inimaginável: "e, assim, habite
Cristo no vosso coração, pela fé, estando vós arraigados e alicerça-
dos em amor, a fim de poderdes compreender, com todos os santos,
qual é a largura, e o comprimento, e a altura, e a profundidade e
conhecer o amor de Cristo, que excede todo entendimento, para
que sejais tomados de toda a plenitude de Deus" (Ef 3:17-19).

Será que estamos de fato ouvindo o que Paulo está dizendo?
É mais, meu chapa, mais. Dê as costas às percepções empobrecidas,
restritas e finitas de Deus. O amor de Cristo está além de toda
compreensão, além de qualquer coisa que possamos intelectualizar
ou imaginar. Não se trata de uma branda benevolência, mas de
um fogo consumidor. Jesus é tão insuportavelmente perdoador, tão
infinitamente paciente e tão infindavelmente amoroso que nos provê com os recursos que carecemos para vivermos vida de graciosa
retribuição. "Ora, àquele que é poderoso para fazer infinitamente
mais do que tudo quanto pedimos ou pensamos, conforme o seu
poder que opera em nós, a ele seja a glória" (Ef 3:20,21a).

Isso soa para você como uma religião fácil?

O amor tem suas próprias exigências. Ele não pesa e não poupa
nada, mas espera tudo. Talvez isso explique nossa relutância em
arriscar. Sabemos muito bem que o evangelho da graça é um irre-
sistível chamado a amarmos da mesma forma. Não é de admirar
que muitos de nós escolham entregar a alma a regulamentos em
vez de viver em união com o Amor.

Não há maiores pecadores do que os supostos cristãos que des-
figuram a face de Deus, mutilam o evangelho da graça e intimidam
os outros por meio do medo. Eles corrompem a natureza essencial

do cristianismo. Na frase contundente de Eugene Peterson: "Eles estão dizendo mentiras sobre Deus, e malditos sejam".

A igreja está numa encruzilhada crítica. O evangelho da graça está sendo transtornado e comprometido por meio de silêncio, sedução e franca subversão. A vitalidade da fé está ameaçada. Os *slogans* mentirosos dos pilantras que empunham a religião como uma espada multiplicam-se com impunidade.

Que os maltrapilhos em todo lugar ajuntem-se como igreja professa para clamar em protesto. Revoguem-se às licenças dos líderes religiosos que falsificam a ideia de Deus. Que sua sentença seja passar três anos na solitária tendo a Bíblia como única companhia.

Maria Madalena destaca-se como testemunha por excelência do evangelho maltrapilho. Na Sexta-feira Santa ela assistiu o homem que ela amava ser assassinado da forma mais brutal e desumana. O foco da sua atenção não estava no entanto no sofrimento mas no Cristo sofredor, "que me amou e a si mesmo se entregou por mim" (Gl 2:20). Nunca permita que essas palavras sejam interpretadas alegoricamente na vida de Madalena. O amor de Jesus era uma realidade ardente e divina para ela: ela estaria soterrada na história como meretriz anônima não fosse o encontro com Cristo.

Ela não possuía qualquer compreensão de Deus, de igreja, de religião, de oração ou de ministério a não ser nos termos do Homem Santo que a amara e entregara a si mesmo por ela. O lugar único que Madalena ocupa na história do discipulado não se deve a seu misterioso amor por Jesus, mas à miraculosa transformação que o amor dele produziu em sua vida. Ela simplesmente permitiu-se ser amada. "A verdade central da qual a vida de Maria se tornaria emblema é que pelo amor é possível ser liberto das mais ínferas profundezas às resplandecentes alturas onde Deus habita."[1]

---

[1] Eugene PETERSON. *Travelling light.* Downers Grove: InterVarsity, 1982, p. 39.

Onde abundou o pecado, a graça abundou ainda mais.

Quando perguntou a Pedro na praia de Tiberíades: "Simão, filho de João, amas-me?", Jesus não acrescentou nada. O que ele disse bastava. Você me ama? Você permite que meu amor o toque nas suas fraquezas, que o liberte, e o fortaleça ali mesmo? Posteriormente, o único poder que Pedro teve foi o amor de Jesus por ele. Ele contou e recontou a história de sua infidelidade, e o modo como Jesus o tocou. Quando proclamava o evangelho da graça, ele pregava sobre o poder de Deus a partir de sua fraqueza. Foi isso que converteu o mundo romano e converterá a nós, e as pessoas ao nosso redor, se virem que o amor de Cristo nos tocou.

A igreja professa dos maltrapilhos precisa juntar-se a Madalena e a Pedro no testemunho de que o cristianismo não é primariamente um código moral, mas um mistério permeado de graça; não é essencialmente uma filosofia do amor, mas um caso de amor; não é agarrar-se com unhas e dentes a regras, mas é receber um presente de mãos abertas.

Há muitos anos, o renomado teólogo evangélico Francis Schaeffer escreveu: A verdadeira espiritualidade consiste em viver cada momento pela graça de Jesus Cristo. Este livro não reivindica para si qualquer originalidade; ele é apenas um comentário sobre a declaração de Schaeffer. Como C. S. Lewis gostava de dizer: as pessoas precisam ser mais lembradas do que instruídas.

Tenho sido denunciado em fóros públicos e privados como herege, cismático, universalista e otimista estrábico. Certo erudito Católico informou-me que fui mais Lutero do que Lutero jamais foi. Fui acusado de não crer na existência do inferno, do julgamento e da danação. Um boletim de Indiana repreendeu-me por fazer uso seletivo de textos bíblicos. Fui rotulado de desequilibrado, espiritualmente imaturo e intelectualmente confuso. Um artigo de jornal da Califórnia colocou em dúvida tanto minha pureza doutrinária quanto minha retidão moral.

O evangelho da graça continua a escandalizar.

Os legalistas, puritanos, profetas da destruição e cruzados morais estão tendo uma sonora convulsão diante do ensino paulino da justificação pela graça mediante a fé. Eles ressentem-se da liberdade dos filhos de Deus e descartam-na como libertinagem. Eles não querem que o cristianismo nos ajude a nos tornarmos pessoas completas; querem que nos sintamos miseráveis debaixo do seu fardo. Eles procuram intimidar-nos, amedrontar-nos, fazer-nos trilhar em fila sua via exclusiva de retidão, e controlar em vez de libertar nossa vida. Seu espírito pervertido de legalismo quer mutilar o espírito humano e deixar-nos arqueados sob o peso de enormes carretéis de regras e regulamentos. A natureza notável da dedicação deles — o fanatismo é sempre impressionante — obscura o fato de que aceitaram o evangelho na teoria, mas negam-no na prática. Essas críticas podem parecer cáusticas, mas são na verdade brandas se comparadas com as palavras de Jesus em Mateus 23, onde ele descompõe os legalistas pelo apego sistêmico a ninharias que obscurecem o rosto de um Deus compassivo. "Impostores, mentirosos, hipócritas, sepulcros caiados, serpentes, ninhada de víboras" — essa é a indomável fúria de Jesus contra a prática religiosa corrupta (é claro que sou defendido bem demais por minhas próprias racionalizações para ser capaz de perceber que posso não ser tão diferente dos hipócritas quanto gostaria de pensar).

Ao longo da década passada, o que Agostinho chamava de *sensus fidelium* — a percepção dos fiéis — tem afirmado de forma esmagadora a verdade do *Evangelho Maltrapilho*. O Espírito Santo habita em pessoas comuns ocupadas em suas tarefas diárias, e elas oferecem ao Corpo de Cristo ideias dignas de confiança a respeito do amor de Deus por nós. Em cada época a Igreja é salva por maltrapilhos com um discernimento certeiro de espíritos. No terceiro século, quando duzentos bispos abraçaram a doutrina herética de Ário, que negava a divindade de Cristo, foi o *senses fidelium* que se recusou a segui-los, salvando dessa forma a comunidade da fé da desintegração.

Desde sua publicação em 1990, *O evangelho maltrapilho* estimulou o surgimento de uma pequena indústria de fundo de quintal. Seu tema inspirou oito canções; o falecido Rich Mullins formou a Banda dos Maltrapilhos; um livro publicado recentemente [*Ragamuffin prayers*], quatro pinturas, três livrarias e diversos poemas com a etiqueta maltrapilha; e recebi até mesmo uma pequena caixa de papelão contendo um preparado para produzir *Rag-a-Muffins* — bolinhos assados para o café da manhã do maltrapilho.

Por que essa metáfora permanece capturando a atenção das pessoas depois de dez anos? Creio que ela fala à condição espiritual da maior parte de nós. Os maltrapilhos são os *anawin* da Escritura hebraica, os pobres de espírito que, conscientes de sua pobreza e vazio interior, entregavam-se sem hesitação à misericórdia de Deus. Eles combinavam um senso de incapacidade pessoal com uma confiança inabalável no amor de Deus. Eles eram de fato o remanescente, o verdadeiro Israel a quem as profecias messiânicas foram feitas.

Como eu disse a Jimmy Abegg, editor de *Ragamuffin Prayers*, o caminho do maltrapilho é uma visão da vida cristã consideravelmente diferente daquela da cultura eclesiástica tradicional. Ela está fundamentada na declaração de Jesus: "o Filho do Homem não veio para ser servido, mas para servir" (Mt 20:28; ARC). Os maltrapilhos não sentam-se para serem servidos; eles ajoelham-se para servir. Quando há comida no seu prato, eles não reclamam da carne de origem incerta ou dos legumes empapados, nem chiam por causa do cardápio monótono ou do prato trincado. Gratos por um estômago cheio, eles dão graças pelas menores dádivas. Não ficam impacientes ou irritados diante do atendimento deplorável numa loja de departamentos, pois eles mesmos deixam muitas vezes a desejar no papel de servos.

Os maltrapilhos não reclamam da pregação fraquinha ou do louvor sem vida na sua igreja local. Eles estão satisfeitos em ter um lugar aonde ir em que possam mesclar-se a outros mendigos à porta da misericórdia de Deus. "Mendigos sabem como abrir as mãos", escreve Sue Monk Kidd, "confiando que a migalha da graça cairá".[1] Reconhecendo humildemente que são proletários impotentes para alcançarem o desejo do coração sem ajuda divina, eles são gratos pela menor migalha que cai da boca do pregador.

Longas orações e palavras complicadas não convêm a maltrapilhos. Seu porta-voz é o cobrador de impostos no templo: "Ó Deus,

---

[1] Sue Monk KIDD. *When the heart waits*. San Francisco: Harper San Francisco, 1990, p. 141.

sê propício a mim, pecador!" (Lc 18:13). O maltrapilho sabe que é o cobrador de impostos e que recusar-se a admiti-lo faria dele um fariseu. Cobradores de impostos, zés-ninguém, vagabundos, mendigos de Jesus — os maltrapilhos sabem rir da sua vaidade de desejarem ser percebidos e da vaidade de serem insignificantes.

Os maltrapilhos também não estão interessados em pretensões de autossuficiência. Eles sabem que qualquer declaração de independência da bondade de outros é pura insensatez. Um acadiano nunca pergunta: "Você quer uma carona para a cidade?" Ele insta: "Posso levá-lo à outra margem do rio?" O "não" automático da arrogância farisaica deve dar lugar ao "sim" do necessitado.

Sim é uma palavra importante do vocabulário maltrapilho, especialmente em resposta à ordem de Jesus: "Tende bom ânimo! Sou eu. Não temais!" (Mc 6:50) e às palavras do discípulo que Jesus amava: "No amor não existe medo; antes, o perfeito amor lança fora o medo. Ora, o medo produz tormento; logo, aquele que teme não é aperfeiçoado no amor" (1Jo 4:18). Uma pequena maltrapilha chamada Amy Welborn dá uma voz à cambada dos esfarrapados:

> O amor pode lançar fora o medo, mas alguns de nós devem tomar o desafio de João na direção oposta primeiro. Temos de deixar de ter medo, a fim de dar espaço para o amor. É fácil falar a outra pessoa sobre o nosso amor. Mas quando nutrimos temores no fundo de nossas mentes — "Será que ele me ama mesmo? Como ele poderia me amar?" ou "Se eu amá-la, será que ela retribuirá de fato esse amor, ou acabará me traindo?" — estamos nos esquivando. Somos cautelosos, sim, e talvez isso seja sábio algumas vezes. Afinal de contas, quem quer ser magoado? Mas o amor pode florescer se confinado por dúvidas e temores? Não.
>
> Creio que é o mesmo com o nosso amor por Deus. A fé amorosa — entregar nossas vidas a Deus em completa confiança — não pode acontecer se sonegamos alguma coisa por medo, quer seja o medo de punição ou o medo de que a coisa toda seja uma enganação.

"Senhor Jesus, coloco hoje meus medos de lado e abro em confiança meu coração para ti."[2]

O anseio pela liberdade do medo conduz o maltrapilho a uma crua honestidade a respeito de sua grande vicissitude: a completa incapacidade de gerar confiança por seus próprios esforços. Ele então se arremessa na misericórdia de Deus e aproxima-se do trono da graça com confiança, "porque ele acode ao necessitado que clama e também ao aflito e ao desvalido. Ele tem piedade do fraco e do necessitado e salva a alma aos indigentes" (Sl 72:12,13).

Não mais alternando a mala pesada de uma mão para a outra, o desiludido, dilapidado e exaurido é fortalecido pelo testemunho do discípulo amado: "E esta é a confiança que temos para com ele: que, se pedirmos alguma coisa segundo a sua vontade, ele nos ouve" (1Jo 5:14). Depois de dar graças pela xícara fumegante de café e pelo café da manhã com bolinhos Rag-a-Muffin, ele descansa com segurança na promessa de Jesus: "Por isso, vos digo que tudo quanto em oração pedirdes, crede que recebestes, e será assim convosco" (Mc 11:24). É um nível de confiança que beira a petulância.

Inevitavelmente, a experiência pessoal do amor de Jesus Cristo produz confiança. Dependência radical e entrega confiante são a diástole e a sístole do bater do coração do maltrapilho. Porém, embora possam ter coração mole, os maltrapilhos são cabeças-duras. Não vivem num mundo ilusório e fora da realidade, pontificando sobre a vida cristã vitoriosa. Eles formam a igreja mendicante, não a igreja triunfante. Reconhecendo a realidade de sua vida empobrecida, eles sabem que não têm como sobreviver sem a esmola divina para o seu pão diário. Sua segurança reside em não ter segurança alguma.

Os maltrapilhos nunca desprezam sua pobreza material e/ou espiritual, porque se consideram incomensuravelmente ricos. Eles

---

[2] Amy WELBORN. *Living faith*. Fenton: Creative Communications for the Parish, Jan. Fev. Mar. 2000, 5 de janeiro.

encontraram o tesouro enterrado no campo (v. Mt 13:44). Nada se compara ao reino de Deus. Aos olhos deles, nada tem mais valor. Pesos e medidas não bastam. Balanças desmoronam. Toda mensuração desaba diante dessa infinitude. Esse é o segredo do maltrapilho, que cristãos nominais não compreendem, mas pelo qual mártires entregaram sua vida. Pelo reino de Deus, milhares e milhares tiveram suas possessões confiscadas, terras tomadas; famílias, carreiras e bons nomes sacrificados.

Os nominais simplesmente não entendem. Eles ouvem a Palavra de Deus, mas ela não lhes fala interiormente. O mundo não visível não existe. A história de amor da Bíblia é para criancinhas na escola dominical, não para adultos racionais. A fé é uma relíquia da Idade Média. Não dá para pagar o aluguel, fazer sopa ou comprar um computador com religião. O que conta são músculos, inteligência, conexões e exércitos mais poderosos. O resto é ópio do povo. Os nominais não conhecem o segredo. O tesouro está escondido dos seus olhos. Os valores e o estilo de vida da ralé maltrapilha lhes são simplesmente incompreensíveis.

Apenas o maltrapilho compreende com acerto em que consiste a vida. Nenhum esforço é grande demais, nenhum empreendimento ousado demais, nenhum sacrifício doloroso demais por amor ao reino. O maior risco que ele poderia jamais correr é ainda ínfimo demais. E ainda assim muitas vezes em oração ele experimenta um "branco" — a ausência sentida de Deus. Ele não insiste em visões e locuções. Experiências espirituais de pico são coisa rara na sua pobreza interior. Ele não inveja conforto, inclusive o de consolações espirituais. Ele vive no Vácuo, mas sabe como Bede Griffiths que o Vácuo está completamente saturado de amor.

Os maltrapilhos são simples, diretos e honestos. Falam sem afetação. Não são rápidos em dizer "Deus me disse..." Ao longo de sua vida neste mundo, dão testemunhos proféticos sem proferirem uma palavra.

Talvez a suprema realização do Espírito Santo na vida dos maltrapilhos seja o miraculoso movimento da autorrejeição para a auto-aceitação. Ela não está fundamentada na terapia ou no poder do pensamento positivo; está ancorada na experiência pessoal da aceitação de Jesus Cristo. Os maltrapilhos não são santos, mas buscam crescimento espiritual. Aceitam conselhos e críticas construtivas com naturalidade. Tropeçam com frequência, mas não gastam horas sem fim em autorrecriminação. Arrependem-se depressa, oferecendo o momento fraturado ao Senhor. Seu passado foi crucificado com Cristo e não existe mais, exceto nos recessos mais profundos da eternidade.

Imerso na condição humana pecaminosa, o maltrapilho luta para ser fiel a Jesus. Tomando a cruz de seu eu ferido a cada dia, ele peleja contra a fadiga, a solidão, o fracasso, a depressão, a rejeição e a ferroada da descoberta da infidelidade na pessoa que ele considerava mais digna de confiança. A estrada do maltrapilho conduz sempre ao Calvário.

Os maltrapilhos são assombrados pelas palavras de Francis Thompson em seu poema "O sabujo do céu":

> Embora com o saber
> De que seguir-se-ia o seu amor
> Eu tremia ainda de pavor:
> do temor de que para tê-lo
> Eu nada além podia ter.

Jesus basta? É o amor dele suficientemente mediado por intermédio de cônjuge, filhos e amigos? Devo buscar algo mais? Bastará o rumor incessante de meus vícios, necessidades e desejos para fazer-me roubar o meu fogo de Prometeu? Devo vaguear novamente numa terra distante a fim de buscar sabe Deus o quê? Guardo no coração um único medo legítimo: depois de ter-me sido concedido um lugar no banquete de casamento, o pensamento de retornar em algum momento à miséria e à imundícia, ao frio e à escuridão das estradas e esquinas, das ruas e becos de uma vida centrada em mim mesmo enchem-me de santo pavor. Do fundo do coração eu oro, nas palavras de Agostinho: "Senhor Jesus, não permitas que eu me deite sem dizer que te amo (...) e protege-me, porque eu poderia hoje te trair".

A igreja maltrapilha é um lugar promissor e cheio de possibilidades, de aventura e descoberta, uma comunidade de compaixão em movimento, estrangeiros e exilados numa terra estranha a caminho da Jerusalém celestial. Os maltrapilhos são peregrinos que passam a noite no hotel da terra, sem desfazer as malas e prontos para partir. Reagrupar e entrincheirar, rastejar e debater não estão entre suas poses e posturas.

Na sua comunidade de adoração, eles rejeitam a tendência insidiosa a evitar riscos. A inveterada tendência ao entrincheiramento, que se delata em apegar-se ao que foi comprovadamente testado e aprovado, é acertadamente diagnosticado por eles como sinal de falta de confiança no Espírito Santo. O sopro de Deus não pode ser engarrafado, e o Espírito andarilho não pode ser confinado. O adorador maltrapilho não se permitirá mumificar na meia-idade pela tática de viver no passado, recusando-se a comparecer ao presente. A criatividade e a flexibilidade não cederão à repetição e à rigidez. A igreja maltrapilha sente-se à vontade com períodos de silêncio, de ficar-se quieto, de ouvir-se com atenção enquanto se experimenta a presença divina. "Aquietai-vos e sabei que eu sou Deus" (Sl 46:10) não é meramente sugestão piedosa, mas mandamento divino.

Para os maltrapilhos, o nome de Deus é Misericórdia. Vemos nossas trevas como possessão valiosa porque elas nos impelem para dentro do coração de Deus. Sem a misericórdia nossas trevas nos precipitariam no desespero — e para alguns, na autodestruição. O tempo gasto em solidão com Deus revela as insondáveis profundezas de nossa pobreza de espírito. Somos tão pobres que nem mesmo nossa pobreza nos pertence: ela pertence ao *mysterium tremendum* de um Deus amoroso. Em oração bebemos fundo dessa pobreza. Num momento repentino e luminoso percebemos que estamos sendo acostados pela Misericórdia e abraçados mesmo antes de tomarmos consciência do que está acontecendo. Sem nos apegarmos ao que quer que seja, nem mesmo a nossa pecaminosidade, vamos a Jesus de mãos abertas. Esgotamos o cálice amargo da autorrejeição quando desaparecemos na tremenda pobreza que é a adoração de Deus.

Nosso encontro com a Misericórdia afeta de forma profunda nossa interação com os outros. "Bem-aventurados os misericordiosos, porque alcançarão misericórdia" (Mt 5:7). Olhamos além das aparências e abaixo das superfícies, de modo a reconhecer os outros como companheiros de ferimentos. A carne humana é sujeita aos assaltos, de dentro e de fora, de pensamentos negativos e condenadores, mas não cederemos a eles porque Deus é misericordioso para conosco. Não permitiremos que esses ataques nos levem aos pecados da autopreocupação e da autodefesa. Nadando no amor misericordioso do Cristo redentor, somos livres para rir da tendência humana de assumir ares de superioridade espiritual — até mesmo em nós mesmos. Somos livres para estender aos outros a misericórdia que recebemos.

Impregnado em tamanha misericórdia, o maltrapilho encontra depressa uma desculpa para isentar o vizinho que acordou com o pé esquerdo, e um modo de esquivar-se em vez de retaliar quando um dardo de ira é lançado em sua direção. "Suportai-vos uns aos outros, perdoai-vos mutuamente, caso alguém tenha motivo de queixa contra outrem", ele lembra. "Assim como o Senhor vos perdoou, assim também perdoai vós; acima de tudo isto, porém, esteja o amor, que é o vínculo da perfeição" (Cl 3:13-15). O seu exemplo é o de Jesus, que ao morrer, humilhado e injustamente vilipendiado, clamou em favor de seus assassinos: "Pai, perdoa-lhes, porque não sabem o que fazem" (Lc 23:34).

O Grande Livro dos Alcoólicos Anônimos oferece um adorável fragmento de sabedoria caseira para aquelas ocasiões em que somos confrontados com a injustiça de outros que tentaram deliberadamente (e talvez tenham conseguido) nos prejudicar:

> Essa foi a nossa postura. Percebemos que as pessoas que nos prejudicaram estavam talvez espiritualmente doentes. Embora não gostássemos dos sintomas e do modo como eles nos afetavam, elas, como nós, estavam também doentes. Pedimos a Deus que nos ajudasse a mostrar a elas a mesma tolerância, compaixão e paciência que mostraríamos com toda a disposição a um amigo doente. Quando uma pessoa ofendia, dizíamos a nós mesmos: "Eis uma pessoa doente. De que forma posso ajudá-la? Deus, salva-me de perder a paciência. Seja feita a tua vontade".[3]

Quando você já fez da sua vida algo tão ruim que tornou-se irreconhecível, como já fizeram muitos de nós alcoólicos em recuperação, a compaixão prova-se um pouquinho mais fácil se você mostrar-se escrupuloso o bastante para levar em conta o seu próprio inventário em vez do da outra pessoa.

Com um Deus cujo nome é Misericórdia, não é de admirar que a gratidão ultrapasse qualquer outra atitude ao longo de nossa jornada espiritual. Não passamos pela vida alheios ao preço pago pela nossa libertação. Uma reflexão ponderada traz à memória numerosos resgates e curas. "Se pudéssemos contar os medos, tanto grandes quanto pequenos, que já nos assolaram, e agradecêssemos em seguida a Deus cada resultado temido que nunca se

---

[3] *The big book of alcoholics anonymous*. Nova York; AA World Services Inc., 1976, p. 66-7.

materializou", observou John Kavanaugh, "não haveria fim para a gratidão a que chegaríamos".[4]

Que garantia infalível temos de que os maltrapilhos serão tratados no julgamento com infinita bondade e imensurável misericórdia? "Porque vocês a passaram adiante", diz Jesus. Ele sustenta sua Palavra: "Bem-aventurados os misericordiosos, porque alcançarão misericórdia".

"Tudo me foi entregue pelo meu Abba", Jesus afirma. "Ninguém conhece o Filho, senão Abba; e ninguém conhece Abba, senão o Filho e aquele a quem o Filho o quiser revelar" (Mt 11:27). Jesus é o caminho para Abba. Ele é a Vida que somos convidados a compartilhar — a vida dele com Abba. "O amor de Deus é derramado em nosso coração pelo Espírito Santo, que nos foi outorgado" (Rm 5:5).

O maior presente que qualquer maltrapilho pode receber de Jesus é a experiência de Abba. Jesus disse que devemos ir a Deus com a simplicidade sem afetação de uma criança com seu papai. Num salmo pungente em que expressa confiança pueril em Deus, Davi diz: "Fiz calar e sossegar a minha alma; como a criança desmamada se aquieta nos braços de sua mãe, como essa criança é a minha alma para comigo" (Sl 131:2). O pequenino aqui não é uma criança desenvolta, mas um infante desmamado de dois ou três anos que andou cambaleando por aí explorando os mistérios da lanterna e do chaveiro do pai e classificando as moedas deixadas num canto da mesa. O maltrapilhozinho de repente se cansa e volta a passos vacilantes para os braços da mãe. Tranquilizado pelas palavras afetuosas que ela diz enquanto acaricia seus cabelos, o carinha cai no sono, tranquilo e sossegado.

Jesus nos convida a nos tornarmos como criancinhas, a engatinharmos para dentro dos braços de Abba e deixar que ele nos

---

[4] John Kavanaugh. *In America*, vol. 173 n.º 10, 7 de outubro de 1995, p. 23.

ame. Embora, como observa Alan Jones, "a parte mais difícil de uma fé madura é nos permitirmos ser o objeto do deleite de Deus".[5]

Quatro anos atrás, participei de um retiro dirigido por um estudioso da Bíblia de oitenta anos, chamado Frank Montalbano, que lecionou estudos sobre o Novo Testamento por muitos, muitos anos. Ele enfocou minha passagem favorita da Bíblia, Lucas 15:20. Eis como ele a traduziu: "Enquanto ele estava ainda muito distante, seu pai o viu e encheu-se de compaixão por ele; ele correu até o filho, lançou os braços ao redor dele, beijou-o e não foi capaz de parar de beijá-lo". Muitos de nós maltrapilhos podemos ser taciturnos, mas, quando se trata de aceitar beijos, não somos tímidos.

Sentada em arrojado alívio num sofá azul-marinho no meu escritório jaz uma pequena boneca de trapo. Ao longo dos últimos dez anos, o mistério maltrapilho tem tomado conta de mim com notável intensidade. Depois de longas horas de oração e meditação nas Escrituras, e de reflexão sobre a incômoda pergunta "Quem sou eu?", um Deus gracioso concedeu-me a luz de ver-me como eu era. Tenho agora uma identidade primária e uma percepção coerente de mim mesmo. Ela afeta minha intimidade com Deus, meus relacionamentos com os outros e minha gentileza comigo mesmo. Quero então que minha lápide traga o seguinte epitáfio:

BRENNAN MANNING
nascido dia:
falecido dia:

MALTRAPILHO
DE ABBA

[5] Alan JONES. *Soul-Making*. San Francisco: Harper & Row, 1985, p. 145.

Conheça outras obras de

Brennan Manning

Compartilhe suas impressões de leitura escrevendo para:
opiniao-do-leitor@mundocristao.com.br
Acesse nosso *site*: www.mundocristao.com.br

Preparação: Rodolfo Ortiz
Revisão: Theófilo Vieira
Diagramação: Sonia Peticov
Fonte: Goudy Old Style BT (TT)
Gráfica: Assahi
Papel: Lux cream 70/gm² (miolo)
Cartão 250/gm² (capa)